全国高校就业创业特色教材课题研究成果
教育部学生服务与素质发展中心组织编写

就业力：
江中医学子就业创业案例集

JIUYE LI:
JIANGZHONGYI XUEZI JIUYE CHUANGYE ANLI JI

主编　艾卫平　张卫平

西安交通大学出版社
XI'AN JIAOTONG UNIVERSITY PRESS

图书在版编目(CIP)数据

就业力:江中医学子就业创业案例集 / 艾卫平,张卫平主编
. — 西安 : 西安交通大学出版社, 2024.7(2025.6 重印)
ISBN 978 - 7 - 5693 - 3378 - 7

Ⅰ. ①就… Ⅱ. ①艾… ②张… Ⅲ. ①中医学院-大学生-就业-案例-汇编 ②中医学院-大学生-创业-案例-汇编
Ⅳ. ①G647.38

中国国家版本馆 CIP 数据核字(2023)第 149989 号

书　　名　就业力:江中医学子就业创业案例集
　　　　　JIUYE LI:JIANGZHONGYI XUEZI JIUYE CHUANGYE ANLI JI
主　　编　艾卫平　张卫平
责任编辑　刘　晨
责任校对　张静静
封面设计　任加盟

出版发行　西安交通大学出版社
　　　　　(西安市兴庆南路 1 号　邮政编码 710048)
网　　址　http://www.xjtupress.com
电　　话　(029)82668357　82667874(市场营销中心)
　　　　　(029)82668315(总编办)
传　　真　(029)82668280
印　　刷　陕西奇彩印务有限责任公司

开　　本　787 mm×1092 mm　1/16　印张 9　字数 154 千字
版次印次　2024 年 7 月第 1 版　2025 年 6 月第 2 次印刷
书　　号　ISBN 978 - 7 - 5693 - 3378 - 7
定　　价　29.80 元

如发现印装质量问题,请与本社市场营销中心联系。
订购热线:(029)82665248　(029)82667874
投稿热线:(029)82668525

编委会

主　编　艾卫平　张卫平

副主编　付　滢　周　炜　韩慧玲

欧阳苗　曹　森

编　委　（按拼音排序）

蔡媛媛　陈　璇　付　淳

葛荣荣　黄义斌　刘运锋

罗　莹　孟晓伟　宋志坚

吴永兰　薛小虎　易炳学

前言

PREFACE

党的二十大报告提出:“实施就业优先战略。就业是最基本的民生。强化就业优先政策,健全就业促进机制,促进高质量充分就业。”

近年来,我国高校毕业生数量在逐年递增,据教育部、人社部统计,2023年我国高校毕业生达到1158万人,同比增加82万人。与此同时,一些高校毕业生就业能力不强,普遍存在就业期望过高、职业生涯规划模糊、专业实践能力不足、求职技能缺乏等问题。大学生就业面临着越来越大的挑战。

对高校而言,引导和帮助大学生实现充分就业、高质量就业始终是一项重中之重的工作。一直以来,江西中医药大学高度重视大学生就业工作,从新生入学起就开始为其职业生涯和发展考虑,快速、准确、创造性地施展“组合拳”,打好就业“攻坚战”。将生涯发展教育时间前置,把生涯发展和职业规划理念注入“入学教育第一课”,根据不同专业学生的成长特点和发展需求,全方位、全覆盖地推进职业生涯规划与就业指导。构建生涯发展课程体系,在大一第一学期开设“大学生职业生涯规划”课,在大二第一学期开设“就业力提升”课,在大三第一学期开设“就业创业指导”课,在课程设置、教材教法、评价体系等方面做到整体优化、有效衔接,有序推进,确保全过程、全方位指导大学生就业。

本教材作为“就业力提升”课程校本教材,书内案例全部来自江西中医药大学近几届的校友真实事迹,由任课教师采写。编委会根据校友成功就业的案例分析,总结出中医药院校大学生就业力的核心元素,包括学习力、创新力、服务力和竞争力,认为这“四力”对大学生的职业发展具有重要的作用。

“学习力”是指学生能够激发自我强烈的学习主动性,养成良好的学习习惯,培养优秀的自学能力,构建合理的知识结构,实现由“要我学”到“我要学”、“应试学习”向“终身学习”、“有教”到“无教”、“单一型”

到“复合型”的转变。“学习力”是大学生身处社会，展现价值、安身立命的基础。

“创新力”是指学生具备发现问题、分析问题、解决问题、定义新命题的能力，善于在“学习—实践—再学习—再实践”中提升解决未知问题的能力，科研积累的能力、挖掘行业资源的能力，创新创业的能力，能够带着有创意的科研成果走出课堂，在实践活动中梳理出体现专业背景、符合市场需求、适合自身发展实际的专业拓展方向和创新创业方向。创新力是大学生毕业后能够实现充分就业、高质量创业的核心因素。

“服务力”是指学生具有深厚的家国情怀和坚定的中医职业理想，具备为国家改革发展服务、为地方经济建设服务、为中医药事业服务的意识和能力，在与他人交往中，能够发自内心并自觉体现出来的为别人提供热情、周到、主动服务的欲望和意识，善于利用自身的专业素养和专业技能提升服务质量。服务力是大学生职业持续发展、科学发展的动力源泉。

“竞争力”是指学生在大学阶段已经形成了扎实的基础素养、优秀的专业素养和良好的创新精神，掌握了较好的知识迁移、运用能力，特别是独立解决复杂实际问题的能力较强，能够适应国家改革发展需要、适应地方经济建设需要、适应中医药事业进步需要，可以在中医药领域及相关领域找准位置，作出贡献。竞争力是大学生在不同领域、不同岗位脱颖而出、获取机会、引领发展的核心。

结合“四力”，编委会将校友案例分为四篇，分别为医学类专业校友篇、药学类专业校友篇、非医药类专业校友篇和“双惟”学子校友篇。每个案例后面都附有编委的点评。这也是本教材的最大亮点。

由于时间仓促，水平有限，本书收集的案例不一定齐全或最具代表性，难免会有不当之处，还望诸位多加批评指正。

编委会

2023 年 9 月

目录 CONTENTS

第1篇

医学类专业校友篇

第2篇

药学类专业校友篇

第3篇

非医药类专业校友篇

第4篇

"双惟"学子校友篇

第1篇

医学类专业校友篇

志为明医，医济众生

李志明，男，1977 年 10 月出生，江西宜春人，2003 届中西医结合专业本科毕业生，中西医结合临床医学博士学位，主任医师。曾就职于广东省第二中医院，现为江西中医药大学附属医院肿瘤科主任、学科带头人。第五批全国中医临床优秀人才研修项目培养对象、江西省研究型医院学会中医肿瘤分会主任委员、江西省中医药学会肿瘤分会副主任委员、中国中医药信息学会名医学术传承分会常务理事、中国老年学和老年医学学会肿瘤康复分会委员、江西省科技奖励评审专家库成员、江西省抗癌协会常务理事。师从国医大师、岭南中医肿瘤学派创始人周岱翰教授，跟诊多位名师。喜爱中国传统文化，醉心中医，提倡中西医并重，倡导肿瘤综合治理模式。

怀揣医学理想与临床热情从江西中医学院（现江西中医药大学）出发，李志明选择走上了一条对医学生来说无比熟悉的职业道路。他从本科到博士毕业，在临床诊治上探索前进多年，最终又回到江西中医药大学附属医院，投身于热爱的医学事业。他用一句话概括了自己的志向：志为明医，医济众生。他用一首诗词抒发了自己的情怀：

扪心问初衷

（明中医）

扪心问初衷，志不在荣。

年少立志明医道，踌躇千里见微功。

醉心岐黄，诊病日匆匆。

浑然不觉朱颜老，慨然许身乐其中。

虚名浮利总是空，竭智力，中西医贯通。

漫留遗恨锁眉峰，青葱心依旧，只争朝夕，策马冲。

少年立志　学医济世

1998年，李志明进入江西中医学院临床系中西医结合专业学习。谈及学医的原因，李志明回忆，小时候母亲多病，老家的医生多采用中医药治疗，他便有了学中医的朦胧想法。

高中时李志明就买了《黄帝内经》来看，当时虽然看不太明白，但对其中“阴阳五行”“藏象”等充满了好奇，特别是对天师岐伯谈话间将人体生理、病理、治法剖析得头头是道钦佩不已。在填报高考志愿时，李志明坚定地选择了江西中医学院中西医结合专业，“我认为只有中西医结合、中西医汇通才是真正的医学，才是最好的治疗方式。”

回忆大学经历，李志明笑谈：“记得大一上学期放假回家，就有不少老乡来找我看病，而我也胆大，还真给他们看了，不少效果还不错，对我感激不已。印象最深的是有次母亲过年前3天突然牙疼，我们乡下习俗过年不服药，我采用玉女煎加自采野生蜂巢，一剂药后其痛若失，整个正月未再发作。从此，每年寒暑假回家，总有一拨老乡等着让我看病，我用理论结合临床，小心应诊，竟然医治了不少沉疴久患，比如农村久病头痛、腰腿痛的多见，可能是因为经常劳动不避风雨，风寒湿邪入侵，川芎茶调散及羌活胜湿汤好用。这些疗效好的案例让我一下信心大增，也使我体验了疾患之苦。”

谈及深造，李志明回忆：“大三时，我到某县中医院见习，深刻体会到中医和西医在应对疾病方面各有所长，需要优势互补。在中西结合的临床实践中，不是中药和西药、中医技术和西医技术的简单叠加，而是最大限度地发挥中西医各自优势。”正是这个观念，让李志明决定考研深造。2003年本科毕业时，他考上了广州中医药大学的研究生。2006年硕士毕业后，李志明进入广东省第二中医院工作。2011年他考入了国医大师、中医肿瘤大家周岱翰教授门下，并于2015年取得中西医结合临床医学博士学位。

初心不失　报效乡梓

广东地处岭南，气候湿热，民间素有用中药煲凉茶及食用药膳的传统，人们喜欢中医、相信中医。李志明坦言：“我自己很喜欢广州，喜欢广州的中医氛围，自己在这里的事业发展也很好。”

其实在回江西之前，他也曾犹豫过，经过师长、亲友点拨，带着在母校的美好记忆和报效乡梓的学医初心，李志明最终选择了回江西发展。他在自己的微信公众号里写道：“求学他乡，心怀明医之志；情系故土，魂牵报效之情。”“我决心用自己的一技之长报效乡梓。”他回忆：“面试的那天，江西中医药大学附属医院的领导听完我汇报后，当即拍板，表示欢迎我的加入，甚至表示‘如果能安排好，明天你就可以上班了’。我甚为感动，正是院领导的魄力和对人才的渴望之情打动了我，让我下定了决心，回到家乡来尽自己的绵薄之力。这些年，沉浸于临床，虽有所得，但尚未成才，领导不弃，家乡父老不弃，我愿意成为千里马骨，让更多人才汇集。”这一选择用他个人的话来说是回归，也是进步，“我必将秉承人生最初的目标，为江西广大患者带来福音。”

勇挑重担　积极作为

“魔高才求道高，这是我们发展肿瘤科的初衷，希望肿瘤患者逐渐减少，希望肿瘤科萎缩甚至消失，‘但愿世间人无病，何愁架上药生尘’，这才是我们医师的理想。”

李志明就任江西中医药大学附属医院肿瘤科主任之后，对这份工作的最大感受就是重任在肩：作为年轻的科室主任，接受的锤炼不少，肩上的担子也不轻，但成长与进步也很大。

李志明表示，科主任不仅是一个管理性岗位，更是沟通上下的服务性岗位。向下，汇聚科室人员智慧和梦想，汇集、整理科室人员发展科室的具体思路、方法，为科室人员提供工作、学习及实现理想的机会。将科室拧成一条绳，为共同的目标而努力！向上，汇报科室发展思路，反映科室状态和困难，争取各方支持。好的科主任，对科室、对科室人员、对医院的发展是有促进作用的。这要求科主任具备一定的眼界、胸襟和不断学习的能力。同时，他建议师弟师妹们要把专业基础知识学扎实，要融会贯通各知识点，坚守初心，通过自己的努力展示出中医专业的魅力与价值。

成长点评

医济众生，既需要有高超的医术，也要有高尚的情怀。李志明回乡从医、报效乡梓，坚守了学医初心、引领了科室发展。充分体现了他的思政力和学习力。广大青年学子特别是医学生，要从学长的奋斗事迹和精神风范中汲取榜样的力量，在人生道路上守初心、明方向、强担当。在校本科学生要努力学好专业知识、研读中医经典理论。并要早临床、多临床，理论联系实践，在诊治病患的过程中不断提高专业水准。要善于运用中医经典理论辨证，要善于从细微处发现病情，才能找到好的解决办法，才能更好地给患者看病。

做中西医结合“双师”型医生

李林，男，1982 年 6 月出生，江西赣州人，中共党员，2005 届中医学专业本科毕业生，中医学博士，副教授，硕士/博士研究生导师，中西医结合主任医师。现为江西中医药大学第二附属医院党委委员、副院长。从事急诊、危重症疾病及心血管疾病的医疗、教学、科研工作 14 年，致力于中医药心血管病防治及研究、中医药危重症治疗与康复及研究、中医疫病预警防治与康复及研究。在中医药防治心力衰竭及科学研究方面颇有建树，受到同行专家好评，在中医心衰病基础理论发掘、治则治法、药效实验、经方实证研究中有一定成果。主持、参与国家自然科学基金 7 项，江西省自然科学基金 1 项（面上项目），江西省自然科学基金青年基金 1 项，省社发科研项目 3 项，省卫健委中医药课题 5 项。发表论文 67 篇，其中 SCI 3 篇、中文核心论文 20 余篇，获得专利 4 项，著有著作 5 部。先后入选全国中医药创新骨干人才项目、江西省百千万人才工程人选，被评为江西省公共卫生领域专家，获第 23 届“江西青年‘五四’奖章”，以及江西省首批中医药青年骨干人才等荣誉称号。

提起工作，李林说：“我主要面对两类工作：患者求医和学生求学。治病救人和教书育人都是我的责任，我一直努力做‘双师’型医生。”

从小家庭熏陶　立志治病救人

受家庭环境的熏陶，李林从小便立志长大后要当一名医生。李林的父亲和祖父都是从事中医药相关行业，所以他从小接触中医药。李林的祖父经历过抗日战争、解放战争时期的生灵涂炭、百姓困苦，以及新中国建设初期的筚路蓝缕，这些经历深深触动了李林的祖父，让祖父明白了医学在老百姓生活中的重要性。李林坦言：“见到乡亲们对父亲和祖父的尊重，我非常向往，也在那时就坚定长大后要从事医疗卫生工作，成为像祖辈、父辈一样的医生，治病救人。”李林回忆：“祖父经常教育我，在我们中国人几千年的繁衍生息中，中医中药发挥了巨大作用，它保障了中国人的身体健康，也保障了中华文化的传承。因此作为一个中国人，一定要珍惜中国文化！而中医药作为中国文化的重要部分，更应当被传承下去，他希望我能学好中医。”

当被问到为什么选择进入江西中医药大学中医学专业学习时，李林表示，选择中医学专业是因为想学医，报考江西中医药大学是因为作为江西人，理应选择江西的中医药高校，传承江西的中医药文化。

五载本科时光　回忆似水年华

对于李林来说，在江中医的本科时光不仅是学业进步、知识增长的五年，也是日积月累、成长成才的五年。他感言：“感谢大学里老师给予我的谆谆教诲。”

提到在本科时期的成长经历，李林顿时打开了话匣子：“对于我在本科期间的学习经历，我还是十分引以为傲的。我是我们班第一批入党的学生，也是校学生会主席。我协助老师处理学生工作，参与了多项活动的组织和策划。现在回望这段学生会工作经历，它极大地锻炼了我的组织协调能力。同时，这些成长经历，对我现在的管理能力和组织能力都有很大的帮助。”

对于本科时期的校园生活，李林满怀感激地提起一件难忘的往事：“记得有一次我皮肤感染，有一个在临床工作的师兄就把我带到了医院打青霉素。医院的临床老师非常热情，也非常关心我，因为我还是个学生，他们就减免了我的医药费。现在我跟这些老师能成为同事，他们身上都有乐于助人的品质，他们是我的榜样，我非常感激他们。”

本科毕业时，李林以全校总分第一的成绩考取了本校的中医内科学专业的硕士研究生。毕业后，凭借着优异的成绩留在了江西中医药大学附属医院工作。工作后，他又考取了本校的博士研究生。

回忆求学时光，李林更多的是感恩，感恩母校与恩师的培养，感恩在校工作的经历与成长，这些点滴积累融入了李林的人生中，形成了精诚为医、厚德育人的道德品质，帮助他在职业生涯中取得一个又一个进步。

医者仁心　师者匠心

李林一直在做一名中西医结合的“双师”型医生。他给我们讲述了刚参加工作时的一件经历：“我收治了一位孤寡老人，85 岁，没有子女，没有亲戚，他因肺部感染引起心衰急性加重，情况危急。那一次，我三天三夜没有回家，一直待在医院，时刻待命准备进行抢救，三天以来吃住基本都在病人旁边。整个救治过程，初步治疗是采用了西医的抗感染和抗心衰手段，虽然经过几天全力抢救，感染得到控制，血压平稳，但是患者还是精神萎靡、胸闷气促、水肿难消。这时候我调整西医治疗方案，以中医治疗手段为主，采用中药汤剂真武汤以及局部针刺，患者症状明显缓解。后来病人从昏迷中苏醒过来，第一件事就是拉着我的手，就像对老战友一样，说：'我活过来了！'这件事让我最感动，这段经历让刚开始从事治病救人工作的我下定决心要做一名好医生。"

经过一周的巩固治疗，老人的病情恢复稳定。李林也收获了宝贵的经验：很多时候，并非中医药效果不好，而是没有在合适的情况下采用中医药疗法。中西医取长补短，相互配合，根据患者的病情调整治疗方案，才是中西医结合的突破点。

在往后的行医生涯中，遇到社会上的弱势群体来医院看病，李林都会在力所能及的范围内多给予一些关心和帮助，"他们的生活已经足够不幸了，作为医务工作者，就应该心怀患者，把这些小事当作自己的社会责任，更何况作为一名共产党员，更应该具备这种情怀。"学生随同他在门诊时，他总是会教导学生多体谅患者："来找我看诊的大多是老人，有些老人独自一人前来看病，非常不容易，他们可能因为子女长期不在身边，缺少足够关爱，缺少倾诉对象，造成精神上的困扰，可能每周来倾诉一次，焦虑就能缓解，也能增进医患信任，患者会更好遵从医嘱——这比单纯用药效果好很多，所以不能因为他们唠叨就失去耐心，正如一句老话'身病易治，心病难医'。"令李林欣慰的是，学生们会主动帮助腿脚不便的老人挂号，取药，陪同做检查，还把自己的凳子让给候诊的老人。学生们在跟诊过程中不仅学到了专业知识，还懂得了社会责任感。李林说道："我相信，等他们开始工作了，遇到我当年那样的情况，也会跟我作出同样的选择。"

作为医师和教师，李林想做好三件事——"医、教、研"：不断提高自己的临床技术水平，帮助和救治更多的患者；努力培养更多优秀的、能够适应中医药发展需要的中医药人才，服务社会、救治患者；用一批优秀的科研成果去造福广大群众，推动卫生医药事业发展。对于未来想从事医疗卫生工作的学弟学妹，李林总结自己的亲身经历，给出了三点建议：一是在为人方面，要树立正确的世界观、人生观和价值观，践行好"惟学、惟人、求强、求精"的校训精神，始终做一名合格的共产主义建设者和接班人；二是在生活方面，要加强体育锻炼，勤练太极拳、八段锦、易筋经等传统功法，保证有一个强健的体魄胜任将来繁重的医务工作；三是在学习方面，要带着问题学，学以致用，知行合一，不仅要学好专业知识，还要涉猎更多的交叉学科知识，做中西医结合、古今通用的实践者。

成长点评

李林的“双师”型职业定位代表了许多优秀医师的职业发展方向，既遵循了医师的职业发展规律，又发挥了教师立德树人的职业作用。他的成长之路，体现了医学生的初心使命，留存了母校教育的深层积淀。青年医学生要从中汲取成长养分，更好地与时代同频共振，助推未来中医药事业蓬勃发展。

不为良医为良师，躬耕杏林育人才

李肇宏，男，1990 年 5 月出生，福建古田人，中共党员，2013 届中医学(骨伤)专业本科毕业生，中医骨伤科学硕士学位，中医执业医师、BCC(board certified coach for career)全球生涯教练、国际创业导师、国家三级心理咨询师、国家中级职业规划师。现为广州中医药大学第一临床医学院(第一附属医院)学生工作办公室主任、学生党总支副书记。曾获教育部全国高校思想政治工作典型案例优秀奖、广东省就业工作先进个人、广东省优秀学生工作案例二等奖、广东省高校基层党支部书记工作案例三等奖；入选十九大广东省共青团百名青年骨干宣讲团成员及第二批广东省高校易班建设培训讲师；连续三年借调广东省教育厅考试院和广东省委教育工委组织处等多部门工作，获广东省教育系统嘉奖表扬 3 次，共获各类省级奖励 10 余项、校级奖励 20 余项，主持参与省级、校级、院级课题 5 项。

在江西中医药大学与专业结缘，在广州中医药大学开花结果。专业、职业、就业，李肇宏清晰地讲述着个人职业生涯规划，坚定地一步一步向未来和梦想迈进。

三年披蒺藜斩荆芥　五载勤细辛酬远志

2008 年的高考，他听从了父亲的建议，报考了江西中医学院(现江西中医药大学)的中医学(骨伤)专业。他的父亲作为一名农民出身的生意人，希望孩子可以掌握一门技术，中医药是中华民族的瑰宝，而传承中医药文化，掌握中医药的临床技能，是他父母最质朴的希望。于是，他带着父母的期望，从福建省宁德市的一个小县城考入江西中医学院(现江西中医药大学)，成为临床医学院 2008 级中医(骨伤)专业的一名新生。

初入江中医的九月，在明月和星星餐厅之间的过道上，面对多姿多彩的社团宣传招新，他一眼就看到学生就业与职业发展协会(以下简称就业协会)的招新宣传。也许是出于对就业的考虑，或是希望提前掌握求职应聘的技能，他毫不犹豫加入就业协会的外联部。在就业协会的工作中，他对外负责联系兄弟高校就业社团，对内协助招生就业处的老师开展一年一度的“双选会”，对接来校招聘的用人单位，帮助老师完成暑期高考招生咨询等推广。每年的“双选会”前夕，面对几百家用人单位的报名信息、场地布置、宣传推广、会务准备等工作，李肇宏经常在协会的办公室通宵达旦。在就业协会的三年时间，他一路披荆斩棘，一路历练成长，从一名小干事成长为外联部部长、就业协会副会长，为协会连续多年获得校级“优秀社团”等荣誉贡献了自己的力量。在专业学习方面，他勤奋努力，刻苦钻研，成绩名列前茅，连续五年获得学业奖学金。从大二开始，他坚持每周末前往江西省中医院国医堂跟随全国骨伤名师许鸿照教授、关节骨科专家潘鸿志教授、小针刀专家张玮教授等，参与临床见习锻炼，打下了坚实的专业基础。

工作中的成功与挫折、付出与收获，为他积累了严谨、认真对待工作的宝贵经验。在社团工作中，他不断克服困难，实现自身价值，为他日后在广州中医药大学工作奠定了坚实的基础。

2013 年 6 月，经过五年的勤奋积累和扎实钻研学习，李肇宏从江西中医药大学毕业，成功考入广州中医药大学第一临床医学院（第一附属医院）中医骨伤科学专业硕士研究生，专业方向是股骨头坏死等髋、膝关节疾病的中西医治疗和研究，同时任学生党支部书记、副班长、辅导员助理等。这些学生工作的锻炼，为日后他转行留校从事大学生思想政治教育工作打下了基础。

作为辅导员，他潜心耕耘，严管厚爱，春风化雨，润物无声。他积极研究学生思想意识、行为方式、文化需求等方面的变化，因时而进、因势而新、因事而化，立足中医药院校医学专业背景，积极发挥中国传统文化与专业相结合优势，创新开展与学生书信沟通的新方式，在信中与学生们深入探讨医学职业生涯规划，分享专业学习心得感受。他所带的学生保研人数创历史新高，其与学生书信交流的故事——《鸿雁传书的故事：校园有爱青春常在》获《中国中医药报》等多家媒体专题报道。今后，他将继续不忘教书育人初心，牢记立德树人使命，不断探索新时代育人工作的新模式。

望闻问切辨百病　解危扶困知冷暖

在广州中医药大学第一附属医院读研期间，他全情投入专业知识的学习，跟习名师，苦练临床实践技能，精湛的专业技术和任劳任怨的工作态度，获得导师和患者的一致好评。2016 年 3 月，他在硕士研究生毕业前，通过笔试、试工、教学授课、面试等层层选拔考核，顺利获得留在广州中医药大学第一附属医院关节骨科作为一名骨科医生的机会。但是，在做学生党支部书记和辅导员助理的过程中，他获得了有别于在临床上治病救人的成就感，这也让他萌生出想要留校做大学辅导员老师的想法。他曾坦言："在医院，我确实可以通过自己的临床技能，消除患者身体的病痛；但是，如果我从事教书育人的工作，就可以凭借自身的知识、技能和经验，从思想和行动上帮助指导更多的医学生成长，这样就会有更多优秀的临床医生可以帮到更多的患者。"

在收到广州中医药大学第一附属医院、东莞市第三人民医院等多个临床岗位录用信后，他还参加了广东省内十余所高校辅导员老师的招聘考核，最终，以总分第一名的成绩，被广州中医药大学第一临床医学院（第一附属医院）录用，正式成为一名从事思想政治教育工作的辅导员。

从事辅导员工作以来，他坚持以江西中医药大学"惟学、惟人、求强、求精"和广州医药大学"厚德博学，精诚济世"的校训精神为座右铭，结合自己在江中医就业协会和"双惟"实践班的经历，秉承"江中行舟，不进则退"的学习态度，坚持"不抛弃，不放弃"的工作理念，真诚用心对待每一位学生，努力做学生成长道路上的人生导师和知心朋友，获得了学校师生的一致好评。其实，和医生面对患者一样，辅导员也是一项体现温度和情怀的工作。辅导员的服务对象是学生，而学生是有血有肉有灵魂的鲜活个体，思想政治教育则是一个灵魂碰撞另一个灵魂的过程。在学生眼里，老师是"吐辞为经、举足为法"，一言一行都给学生以极大影响。在工作中，要用真心、真情、真意解危扶困，才能真正成为学生的知心朋友，教育才可以真正地入脑入心。辅导员工作更是一份"良心活"，需要感受到学生的冷暖，需要把关爱融入血液、植入基因。

由于工作积极和业绩突出，他连续三年被借调到广东省教育厅考试院和广东省委教育工委组织处等多部门工作，获得广东省教育系统嘉奖表扬 3 次。2020 年 6 月经组织提拔，李肇宏开始担任广州中医药大学第一临床医学院（第一附属医院）学生工作办公室主任，兼任学生党总支副书记，负责全院 3000 余名全日制本科、硕士、博士学生的日常管理和思想政治教育工作。

今后，李肇宏将继续践行师者传道、授业、解惑的使命。作为辅导员，传道，就是思想政治教育的道，指导学生应该成为什么样的人的道；授业，应是指导学生如何成人、如何适应社会的技能和方法；解惑，应是指导学生在学习、生活、成长发展过程中解决困惑。十年树木，百年树人。育人工作见效慢，他将坚守初心、奋力前行，忠诚铸魂、团结筑梦，做好学生思想引路人，在陪伴学生成长成才的道路上实现自己的人生价值。

厚德朴行当知母　从容贯众路路通

李肇宏很庆幸当初选择了江西中医药大学，在这里度过了一生中最“青春”、最充实的时光。在这里，他学习到了祖国传统医学知识，拜访到了中医名师大家，结识了志同道合的“战友们”。如今，在工作岗位上，他遇到来自江西中医药大学的学弟学妹，发现大家都有一股厚重的“泥土味”，即品德敦厚、好学笃行、孜孜不倦、知恩重情。除此之外，江中医人的身上还有一种高度相似的气质，是一种不满足于现状、特别能吃苦、特别能战斗、特别不服输的韧劲。也许，这就是江中医人最引以为傲的“惟学、惟人、求强、求精”精神。

多年的工作经验使李肇宏深深地感受到当下有部分青年人总有一种想“躺平”的现象。曾经的他，也感觉纵使再怎么加倍努力，也“卷”不过身边优秀的同学们。他认为原因是没有找到属于自己的“赛道”，如果赛道选对了，那就可以做到“从容贯众”了，在个人的人生理想追求的道路上去实现“路路通”。

但是如何发现或抓住自己的“赛道”是一个问题，也就是“想到”和“得到”之间有一个“做到”，这也就是区别人与人之间能否获得成功的关键所在。在成长道路上，希望大家“不抛弃，不放弃”，以《士兵突击》里面的主人公许三多为榜样，珍惜每一天的时光，坚持做有意义的事情，珍惜身边人，做好身边事，将每一件小事情都当成救命稻草一样去抓，也许不用太久，原本像一棵小草一样的自己，不知不觉间就可以成长为参天大树！

惟学惟人　求强求精

正所谓：志之所趋，无远弗届，穷山距海，不能限也。李肇宏希望学弟学妹们记住，对自己想做、爱做的事就要敢试敢为，努力从无到有、从小到大，把理想变为现实。想都是问题，做都是答案！

记得时任学校党委书记、“双惟”班班主任刘红宁教授说过：“一个人可以走得快，但是一群人才可以走得远。”在成长道路上，希望同学们记住一定要学会团结。单丝不成线，独木不成林，一个人的力量总是有限的，一个强大集体的力量就可以战胜一切困难！

成长点评

中医学专业毕业生担任中医药院校辅导员，不仅能将学生的思想政治教育、日常管理与专业指导有机结合起来，还能对医教协同产生积极影响。李肇宏的就业路径为江中医广大学子，尤其是医药专业学生，提供了很好的借鉴。

初心不改，笃行致远

熊述清，男，1990 年 2 月出生，江西瑞昌人，中共党员，2013 届中西医临床专业本科毕业生，中医外科学专业硕士，在职攻读中医外科学专业同等学力博士学位。现为广东省中医院（广州中医药大学第二临床医学院）皮肤科专科秘书，主治医师。

国医大师禤国维教授经常对年轻医生说："医生是高尚的职业，医者必具仁道、仁义、仁人之心。"医生必须要有高尚的医德、医风，有乐于奉献的精神，其次才是你的医术，做医生心中要永远装着患者。作为禤教授的弟子之一，校友熊述清又会有哪些精彩的故事呢？

江中医求学　结缘中医

说起学医的缘起，于熊述清而言也许是冥冥之中的天意。

熊述清经常听父母说起，小时候的他是个体弱多病、骨瘦如柴的病秧子，三天两头感冒发烧、消化不好、腹泻等，在乡镇卫生院、诊所、市里的大小医院辗转就医。他总是回忆起："父母心疼并开玩笑地说，我是药罐子里泡大的，（吃）中药西药简直就是（像吃）家常便饭。"在他读初中、高中的寒暑假或者周末，母亲总带着他和姐姐找家乡的老中医，中药对他来说就是大碗和小碗的事情，已经不记得它是酸的还是苦的。

2008 年高考成绩出来后，他在填报志愿时，其实对选择学校和专业是没有太多认知和想法的。母亲给了他两个选择，也是大多数家长都可能会推荐的，一个是未来当老师，一个是未来做医生。18 岁的他，就这样毫不犹豫地选择了中华民族的文化瑰宝——中医学，最终顺利地投入了母校江中医的怀抱，开启了中医学探索之路和大学成长历程。

进入大学后，农村出身、相对内向的他，在学长学姐的鼓励下，参加了学校各类社团的迎新活动。大一上学期熊述清参加了多个学生社团的面试，最后加入了学校 4 个社团组织，其中就有他最想加入的“双惟”实践班和学生就业与职业发展协会（以下简称就业协会）。

熊述清大一除了专业学习外，就是参加社团组织的活动，大学生活过得非常充实有意义。但真正给他留下深刻印象，甚至现在还在影响着他的是当年在“双惟”实践班和就业协会的锻炼与成长。

“双惟”实践班教会了他坚持的意义以及赢在终点的内涵，也让他始终不忘“惟学、惟人、求强、求精”的校训。虽然他在“双惟”实践班只待了两年时间，但在这两年的时间里他养成了良好的生活作息习惯，结识了一群积极向上、敢闯敢拼、志同道合的同学，也找到了今后努力的方向。

在就业协会的经历，帮助他对未来的职业、就业、择业有了更加清晰的认识和规划。就业协会是学校招生就业处指导下的一个社团组织，并面向学校开展一系列职业、就业类的赛事活动，招生就业处的老师们经常会给协会同学进行职业规划指导。

大一暑期，他有幸协助招生就业处的老师开展毕业生就业工作和新生招生录取工作。经历了这个特别的暑假，让他对学校各专业有了更深刻的认识，了解了学校各专业毕业生的就业情况，明晰了大学生涯的个人职业规划，对他以后的职业发展有了很大的帮助。

大二开始，他逐渐明确了职业目标——成为一名优秀的临床医生，而想要做好医生的工作就必须要打好医学基础且勤于临床实践。大二期间，他克服自己内向的性格，参与并成功竞选班级学习委员，学校的社团仅保留了就业协会和“双惟”实践班。他通过自己的不断努力，一方面大大提升了自己的专业能力，另一方面锻炼了自己的综合能力。天道酬勤，所有的努力和付出让他顺利考取了广州中医药大学中医外科学专业型硕士研究生，并逐步实现了自己成为一位临床医生的目标。

初心不改　提升自我

2016 年 7 月，熊述清在广州中医药大学中医外科学专业研究生毕业后，又通过不懈努力，经过层层筛选，留任广东省中医院皮肤科。

广东省中医院皮肤科始建于 1976 年，是全省最早设立的中医皮肤科之一，是广东省“五个一”科教兴医工程重点专科、广东省中医皮肤病重点专科、国家中医药管理局中医皮肤科重点学科建设单位、首批国家卫生部（现国家卫健委）临床重点专科。

他对于自己能加入如此优秀的团队感到十分幸运。由于科室工作安排，他任职在禤国维国医大师传承工作室，主要从事名老中医学术思想及临床经验的传承工作，还从事皮肤科的门诊、病房值班等临床和科研工作。

他每周都在禤国维教授门诊跟诊学习，禤教授虽然已经85岁了，仍然每周6天奋斗在临床教学一线。他感触最深的一句话是禤老常教导的："我应该尽我所能，将学到的、思考到的交给年轻人。"作为中华民族的一员，作为中医医生，他暗下决心要把中医学这一中华文明的瑰宝传承好，并努力将其很好地应用于临床，服务更多的患者。

工作数年后，他发现自己的临床经验有所欠缺且科研思维不足。他通过努力，在跟师国医大师禤国维教授的同时考取了广州中医药大学在职博士。"路漫漫其修远兮，吾将上下而求索"，他时刻用这句话鞭策自己，不断探索和提升自身，砥砺奋进前行。

愿你走出半生　归来仍是少年

医学生涯是一个漫长而又艰辛的历程，中医更是如此！对于学医的历程，他深有感悟。本科五年的学习，不仅需要掌握中医的基础理论、中医的思维，还要掌握中医诊断、中药、方剂，以及后面的内外妇儿和中医经典，如伤寒、内经，而且西医的生理病理诊断治疗也需要同时学习掌握，理论学习后又要经历临床见习、实习的过程，个中滋味，唯有自知。

对于本科阶段，他建议在读圣贤书的同时，要适当地参加一些学校的社团活动，结交几个志同道合的"医"路人，对于一路前行中的学习、生活、心理、考研等方面会有极大的相互促进作用。他们宿舍6人，入学时树立了共同的目标，经过了共同的学习，参与了共同的社团，学习生活共同扶持，最终全部考上了研究生，也都找到了合适的工作。

本科毕业时面临最大的现实问题是就业和考研的选择问题。他认为，就业和考研并不冲突，可以一边准备考研，一边准备就业。关于考研，他建议要有一鼓作气的魄力和勇气，要有提升学习效率的能力，要有不怕苦能吃苦的毅力，要有对未来职业充满信心的动力。在职业规划上，如果通过努力，考上医学专业硕士研究生，不仅学历得到提升，专业方向上也已初步形成，大多数学校专业型硕士读研期间，已同时开展规范化培训(简称规培)，毕业后可以拿到四证(毕业证、学位证、规培证和执业医师证)。如果考研结果不理想，也可以选择报考医院先规培，边工作边考研。

选择中医，就需要不断学习、沉淀、实践、反思、探索。他非常崇尚古人和很多老中医专家“一剂知、二剂已”的良效，要坚持走中医这条道路的话，不仅要凭借中医药事业发展天时、地利、人和的契机，更需要对自己提出更高更严格的要求。在未来的职业道路上，他将继续不忘医者仁者初心，不忘母校“惟学、惟人、求强、求精”校训，坚持不懈走好中医临床之路，传播中医药文化，精研杏林之术，为健康中国、中医药事业的发展壮大贡献自己的力量。

成长点评

学好专业知识、参加社会实践、做好中医临床医生，是一条适合医学专业发展的职业道路。熊述清在校期间用好用活了江西中医药大学的教学资源，获得了专业能力与综合素质的全面发展；硕士毕业之后入职广东省中医院皮肤科，工作期间坚持跟诊禤国维教授，展现了优秀医生的进取心、敬业心，为江中医青年学子，特别是医学生，树立了成长的榜样。

灸之道，做时代的追梦人

刘杰，男，1994 年 1 月出生，江西泰和人，中共党员，2017 届针灸推拿专业本科毕业生。现为湖北黄冈蕲春县李时珍中医院康复科副主任、第五党支部副书记。师从江西热敏灸创始人陈日新、康明非两位教授。本科期间曾连续两年以“中医养生治未病及健身气功”项目被选派参加中俄“两河流域”青年论坛，2014—2016 年连续三年参加全国健身气功比赛，多次荣获全国一等奖、全国体育道德风尚奖。曾任江西省医药学校外聘教师近两年，教授中西医基础。

“艰难困苦，玉汝于成”。自强、自律、自信，做更好的自己。所有看似风光的成绩背后，都藏着无尽的汗水；所有令人羡慕的荣誉背后，都是不一般的自强、自律、自信。唯有能做到这些的人才可以真正掌握自己的人生。

求学经历

参天之树，必有其根；环山之水，必有其源。回想起求学经历，刘杰说：“我人生中最美好的青春年华在江西中医药大学度过。”学校“惟学、惟人、求强、求精”的校训精神，深深地感染和影响着他。

在校期间，凭着对读书改变命运的执着，刘杰全部时间都用在了学习上，他坚持每天晨练、晨读，刻苦学习，不断进步，寒来暑往，从未缺席。大学时光锤炼了刘杰吃苦耐劳的品质和实干笃行的精神。在江西省中医院针灸科实习期间，刘杰第一次在康明非老师指导下，做了一例湖北襄阳腰突患者的热敏灸治疗，疗效神奇，患者来时扶腰跛行，一次治疗后健步如飞，这给他留下了深刻的印象，让他从内心深处认可热敏灸这一项疗法，从此为之深深着迷。

俗话说“穷人的孩子早当家”，言语之间，刘杰显得比常人更为成熟老练。入学之初，由于家境不好，刘杰申请了学校勤工俭学的岗位。在图书馆自习室保洁员的工作岗位上，他一丝不苟、认真负责的态度一直被身边的人称道。他用心完成他的工作，努力给同学们营造一个干净舒适的学习环境。只要桌椅有一点没摆放整齐，他都会重新摆一遍；只要地上有一个污点，他都会用拖把再拖几次。经常有同学会把书本、资料，甚至手机、钱包等落在自习室，刘杰整理自习室捡到后都会悉心保管，通过各种方式积极寻找失主，直至找到失主。“这个小伙子做事认真，踏实稳重。”图书馆的门卫大叔夸赞道。

经历了生活的艰苦，刘杰深知“滴水之恩，涌泉相报”的道理，他通过各种方式尽己所能帮助需要帮助的人，他加入了青年志愿者协会，用感恩之心进行志愿服务，总服务时长达 300 小时。在校内，他积极参与志愿卫生清理、志愿草坪检查、校庆等庆典活动的志愿服务工作以及其他许多志愿服务，这些是他回报学校的体现；在校外，他每周都会外出进行志愿服务，有幼儿园、小学义教，敬老院志愿服务，聋哑学校义教，等等，这更是他回报社会的见证。

刘杰在大学期间成立了校功法队，每日清晨组织带队训练，连续三年带队参加全国健身气功比赛。在 2015 年中俄“两河流域”青年论坛开幕式上，刘杰与其他几位同学一起在现场展示、教学八段锦等传统功法，演示针灸、拔罐、推拿、刮痧等传统疗法，并传播中医养生治未病的思想理念，受到了国外学子的赞许和认可，并深受江西省教育厅和兄弟省市高校师生的一致好评，为促进中国传统中医文化走向世界，加强两国青年友谊做出了贡献，为校、为省、为国争了光。

技多不压身。刘杰在校期间还担任艺术团民乐队二胡手两年，多次参演迎新晚会等大型活动，也正是这些锻炼让他更加充满自信和阳光，也正是这些历练让他在江中医的舞台上璀璨绽放。

“一路走来，我一直用‘行有不得，反求诸己’来自勉。我感谢那些帮助过我的老师和同学，我坚持用我的付出来回报大家，我愿意与大家一起把爱的火把继续传递下去。”一向稳重的他，用慷慨激昂的语调说出了这番话，更显真诚！

工作经历

苦难有非凡的意义，生命有崛起的尊严。机会只给准备好的人。带着优异的专业成绩，刘杰于 2017 年 7 月顺利毕业，经母校老师的推荐，前往湖北蕲春县李时珍中医院就职。入职没多久，因表现优异，医院就让他负责热敏灸技术的推广工作。从开创热敏灸治疗室到成立两个病区，开设热敏灸门诊，五年来热敏灸服务患者近 9 万人次，创造经济效益近 1500 万元，临床疗效获得了广大患者的认可和赞誉，其间热敏灸技术荣获锦旗 16 面、字画表彰 5 幅。参与全县中医适宜技术骨干培训及适宜技术推广活动三期4次，在全县范围大力推广热敏灸技术，培养了10个乡镇卫生院14名热敏灸基层技术人员，使热敏灸技术在全县范围内得到广泛的认可及一定的推广。

“机遇就在眼前，惟有奋斗拼搏，才能抓牢它！”抱着这样的信念，2019年4月刘杰担任科室副主任，工作至今他多次荣获优秀共产党员、优秀党务工作者、优秀工会模范等荣誉，并连续两年被选派代表黄冈市参加首届及第二届世界大健康博览会。

疾风知劲草，烈火炼真金。中医、中药、针灸等是中国的国粹，也是属于中国传统医学的显性标志。刘杰用自己所学，尽力使接诊的每一位患者都能感受到中医的魅力，也让中医在为基层老百姓服务上大放异彩。

成长点评

幸福是什么？ 未来可期，有梦可追！ 舞台无论大小，只要能够实现自我价值，就是自己最好的平台。 平时点滴的积累，都会成为今后人生路上迎接各类挑战源源不竭的战斗力。 踏踏实实，每天有进步，只要向着正确的方向启航，最后一定会到达想去的彼岸！

很多事情，努力了未必会有好结果，但不努力一定没有好结果。每天努力着进步一点，慢慢靠近那些看似遥不可及的梦想。

刘杰通过求学经历、工作成效、真实故事、真情讲述，把医学精神与个人理想连结起来，具有很好的感染力，激励广大青年学子努力学习、积极进取、服务社会，创造美好未来。

心怀学医梦想，投身绿色军营

王麒，男，1996 年 8 月出生，安徽南陵县人，中共党员，江西中医药大学针灸推拿学专业 2019 届毕业生，现为上海警备区虹口第七离职干部休养所门诊部医师，文职 13 级。在校期间 3 次获得国家励志奖学金，连续 5 年获得校级奖学金，发表国家级论文和省级论文各 1 篇；2015 年参加暑期“三下乡”社会实践活动，获得全国百强社会实践队荣誉称号；2016 年获得学校“新媒体优秀个人”荣誉称号；2016 年获得江西省第二届“互联网＋”创新创业大赛省级铜奖。

“我从小就想学中医，还想当兵，大学毕业后终于实现了梦想！”王麒这样说道。2019 年毕业的王麒，在部队找到了人生的方向，实现了专业与职业的理想结合。下面就让王麒来给我们讲讲他的经历与选择。

缘起

当被问起是什么开启了他与江中医的缘分时，王麒说，其实只有择校考虑，没有专业问题。

从专业来讲，自己从小就想学中医，当一名中医医生。王麒的曾祖父生前是当地比较出名的老中医，十里八乡的乡亲们都请曾祖父看过病，王麒就是听着曾祖父的“传说”长大的，他骨子里都想成为像曾祖父那样能救人一命的医生。

从择校上来讲，王麒开玩笑地说：“填报高考志愿的时候，按照我的分数排名，映入眼帘的就是江西中医药大学。而且‘江中牌健胃消食片’这个广告太深入人心了，所以我毫不犹豫地将第一志愿填报为江西中医药大学。”

师恩难忘　美好永存

在求学生涯中，王麒遇到了好老师。

时任针灸推拿学院团委书记的罗昭娜老师给他留下了深刻印象。“那时候，我刚开始学写新闻稿，罗老师逐字逐句地修改我的稿子，然后告诉我应该怎样才能写出合格的新闻稿，在罗老师的指点下，我发表了自己撰写的新闻稿件。后来，也是在罗老师的指导下，我担任灸学院宣传部部长时，创建并发展了灸学院第一个微信公众号。学院宣传部工作为我积累了宝贵的实践经验，让我在现在的工作岗位上，依然可以利用当时的积累发光发热。”

“影响我职业生涯的第一个人是我的临床带教老师——江西省中医院针灸二科的副主任医师徐扬青老师。”徐老师从医术和医德两个方面深刻影响了王麒。“在医术上，徐老师很用心地教我，她告诉我，针灸入门必须要掌握扎针的方法，得气是最关键的，如何得气？就必须要用心感觉，就像眼睛长在针尖上一样去感觉。”跟师的三年，王麒的临床技能得到了很大提升。“在医德上，徐老师经常教育我，一个医生最重要的不是他的医术有多高明，而是要有医德。”王麒回忆，“有一次，一位出租车司机因中风住院治疗，徐老师在了解到他家中还有一位上初中的孩子需要抚养，已经没有办法承担医疗费用时，她竟然自己掏钱给这位患者垫付了医药费，这是我第一次见到主动给素不相识的患者垫付医药费的医生，这也是我愿意追随徐老师学习的最大动力，我感觉自己的价值观得到了升华，我开始把医学作为我一生的追求，把医德作为首要的标准。”“毕业三年，我仍然十分怀念江中医的美丽校园，学习氛围浓厚，老师关爱学生，同学互帮友爱，感恩母校，感谢师长！”

跨界行医　不负勇往

大学的最后一年，恰逢上海警备区在抚生校区召开宣讲会，看着那笔挺的军装，王麒的内心发生了触动，每个男孩子心中都有一个军人梦。初中毕业他就想当兵，因年纪太小不符合条件。高中毕业，又因视力不达标不符合条件。大学毕业，遇到全军面向社会招考文职人员这个机会，他毅然选择了报考。

2019 年 10 月，王麒正式成为了一名中国人民解放军文职人员，即上海警备区虹口第七离职干部休养所门诊部医师。“部队军训让我有了无数个第一次，第一次紧急集合、第一次列队上课、第一次 3 公里、第一次打靶射击……我学到了什么是军事技能，什么是军事医学，也让我体验到了什么是‘战友情’。”

部队军训时光短暂，作为江中医的学子，王麒的青春还有“大医精诚”，在军训路上高唱了一曲嘹亮军歌后，还需要施展针灸推拿，治病救人。他始终牢记“健康所系、性命相托”的医学生誓词。

回到工作单位后，王麒尽心尽力做好老干部及遗孀的日常医疗保健工作，积极参与中医特色治疗室建设工作。“我们干休所服务的老干部均是参加过重要战役或有过重要贡献的国家功臣，干休所在开展挖掘老干部红色历史资源任务时，我主动靠前，利用大学期间的学生工作经历和技能，独立完成140名老首长基本资料的收集、39名老首长口述历史资料的拍摄。这些工作是我作为一名共产党员应该承担的历史使命，红色历史的传承需要青年党员传承接力，我希望通过自己的努力让这些宝贵的历史资料留存下来。”2020年12月，王麒获得了人生第一枚奖章——四有优秀文职人员。

未来可期　不负韶华

习近平总书记指出：军队离退休老干部为党领导的革命、建设、改革事业作出了重要贡献，是党、国家、军队的宝贵财富。

“习近平总书记的指示，就是我们工作的指南针，能为祖国的‘宝贵财富’做好医疗保健服务，这是我的幸运，也是我的职责。”在为军队老干部服务的这三年，王麒深刻领悟到他们对党和人民绝对忠诚的品质、为社会主义伟大事业竭诚奉献的作风，也得到了老干部的真心关怀和谆谆教导。“老干部指点我，中医医生的水平有高有低，想要成为一名好中医，必须要有扎实的专业知识和精湛的技术。”军营三年，王麒得到了历练，成长了不少。真正理解了我们的党和军队为什么能始终保持强大的凝聚力、向心力、战斗力，我们的信仰为什么引领中华民族一次次从挫折中奋起。“党史军史的学习武装了我的头脑，我不再局限于狭隘的自我视野，而能够从家国和时代的层面去思考人生、规划未来，能够更加理性地面对挫折、解决困难。我在军队老干部身上找到了价值认同，又在他们的身上懂得了如何成长。我打算考研，想提高医学本领，想在更高的平台上为部队医疗卫生事业贡献力量。”

在采访最后，王麒鼓励师弟师妹们，走出江中医的校门，一起投身军营，在追求中医药梦想的道路上，用青春装点迷彩的颜色，用中医的道和术服务部队，把个人理想和追求融入到党和国家的事业之中，完成时代赋予青年的使命！带上江中医的精神勇挑医者担当、创造美好未来！

成长点评

习近平总书记勉励广大青年在青春的赛道上奋力奔跑，争取跑出当代青年的最好成绩！ 携医从戎，参军报国，是许多当代医学生的理想和选择。 王麒选择在部队干休所从事离退休干部医疗保健工作，他传承的是我党我军优良作风，弘扬的是中华民族传统美德，收获的是老干部的谆谆教导。 青年医学生要努力学好专业知识，树立远大的志向追求，培养高尚的职业道德，把个人发展与服务社会相结合，为推动党和国家事业贡献力量。

“三栖作战”磨心智，情系桑梓在基层

刘未川，男，1991 年 11 月出生，浙江余姚人，中共党员，2010 届护理专业本科毕业生。曾在江西中医药大学学习，毕业后在武警贵州总队毕节支队服役，退役后在余姚市阳明街道西街村委工作，现为余姚市阳明街道西街村党委书记。曾荣获全国文明城市创建工作先进个人、余姚市“十佳潜力型村(社区)干部”、余姚市阳明街道优秀共产党员称号，入选 2019 全国第二届大学生就业创业人物典型事迹。

从专业选择到职业道路，刘未川似乎就是不走寻常路。“不是我选择了护理学，是护理学‘选择’了我。”刘未川以男生的身份走进了护理学专业。毕业时他携医从戎应征入伍。退伍后，他再次出人意料，选择了去基层做村官。

每一次从零开始，他用踏实的奋斗播种、耕耘与收获。

就学江中医　结缘护理学

2010 年，刘未川进入江西中医药大学护理学院护理学专业学习。被问及是什么契机让一个男生选择了护理学时，他坦言：“不是我选择了护理学，是护理学‘选择’了我。”刘未川当时报考的是中医学，但录取的却是护理学。就这样，他与护理学结下了不解之缘。

回首大学，刘未川很怀念在江中医就读的美好时光。“江中医的老师和同学都很好，学风也很好，我很喜欢母校。”

在学习之余，班级工作和江中医广播站工作是刘未川在校期间能力锻炼的重要部分。他担任班长期间，认真负责地做好每一项班级服务工作。贫困生评定工作关乎同学切身利益，为了做到公平、公正、公开，为了让每一位同学信服，刘未川利用自己假期闲暇时间，几乎上门走访了班上所有困难生，认认真真地摸查困难生的家庭情况，让真正需要补助的同学都能拿到助学金。

此外，在江中医广播站的锻炼让他受益匪浅。到现在，刘未川都能熟练地背出广播站的站训:惜时,谨言,慎思,笃行。在江中医广播站工作的三年,刘未川播报的是江中医的校园文化,体悟的是江中医的医学精神与人文情怀。毕业后他回头总结发现,大学教育其实就在于文化的熏陶、思想的拓展和专业技能的提升。

大学期间的勤奋努力,让他获得优秀共产党员、优秀学生干部、优秀播音员、两次单项奖学金和第八届"四月天"文学艺术周朗诵二等奖等多项荣誉。但是刘未川却表示:"我并不在意荣誉,能力提升才是最重要的。"

携医当从戎　入伍报祖国

四年的大学生活,精彩又充实。2014 年 7 月,拿到了护理专业学士学位的刘未川,没有走与大多数同学相似的就业路径,而是毅然响应祖国号召,积极应征入伍,进入武警贵州总队毕节支队服兵役。他说:"我有一个梦想,就是用满腔热血助力强军伟业,让青春之花绽放在祖国最需要的地方,在实现强军梦的伟大实践中书写自己精彩的人生。"

新训时光,勤奋刻苦。作为大学毕业生参军入伍,已是大龄新兵的刘未川很清楚,新兵连里是以训练成绩来说话的,没有真本事,学历再高也没用。考虑到自己身材瘦小,跟其他人硬拼体力是不行的,于是他努力钻研适合自己的技巧项目,单双杠便成为他的突破口。经过勤学苦练,刘未川双手磨出厚厚的老茧,终于将单双杠的技术练成了他的"杀手锏"。他不凭学历,而是凭能力在新兵连里站稳了脚跟。

2015 年 1 月,毕节血库告急,在社会民众无偿献血收效不佳的情况下,刘未川挺身而出,利用所学专业知识动员战友们积极献血,经过刘未川的健康宣教和主动献血,士兵和群众也消除了心里的疑虑开始排队献血。

2015 年 5 月,刘未川被抽调到毕节支队政治处宣传股新闻办,担任宣传干事,这是他比较擅长的一项工作。大学期间曾担任校广播站记者和播音员的经历,给了他十足的底气和极大的帮助,很快他便在新闻宣传与摄影领域崭露头角。先后在《人民武警报》《贵州日报》《乌蒙新报》《毕节日报》《毕节晚报》、中国文明网、武警贵州总队内网、贵阳新闻网、毕节试验区网等军地报刊网站发表多篇文章和摄影作品,并多次协助毕节电视台拍摄报道军旅题材故事。

戎装换农装　扎根在基层

时光荏苒,眨眼两年时间过去,又一道选择题摆在了刘未川的面前,是提干继续留在部队保家卫国,还是报考军校继续深造?答案再次出人意料,刘未川选择成为一名大学生村官。他在朋友圈里这样写道:“我很想在军队这个大舞台上继续施展自己的才华,但是家乡更需要我,我有医学专业及军人素质,能为家乡贡献更大的力量。”

回到西街村以后,刘未川自知要胜任村干部这份工作必须付出艰辛的努力。面对从未做过的工作,面对乡亲们热情的鼓励,他决心用脚步丈量西街村的每一个角落,摸民情,纳民意。说干就干,自此他一头扎进村户和群众中。很快,他就发现乡亲们有诸多的疑惑与问题,需要有一个解决的平台。2017 年,在刘未川的倡导下,西街村设立了“邻里说事点”。村民们每隔一段时间就聚集到“邻里说事点”进行议事,切实打通了村委服务群众的“最后一公里”。

刘未川的责任心还体现在做好各项大小村务的工作上。他曾连夜骑电瓶车 20 多公里解决村民酒后闹事问题、帮助村民小王矫正视力顺利当兵,为村民做溺水救援和创伤处理等知识科普完成每年民兵连长集训和基干民兵应急分队各项点验及应急处突任务……

2020 年 4 月,余姚市出台《余姚市助推望谟县开展挂牌督战贫困村摘帽脱贫工作实施方案》,西街村党委结对帮扶国务院扶贫办挂牌督战村——打易镇边王村。作为村青年干部骨干,刘未川受阳明街道委派驻扎边王村蹲点帮扶 37 天。在对口帮扶期间,刘未川重点关注民生难题。他发现当地不少贫困户往往在房子造好后就没钱添置家具等内部物件了,几乎“家徒四壁”。为改变这一现状,在阳明街道党工委、办事处的全方位支持下,刘未川对接西街村党委定向捐赠电磁炉 340 套、木板床 225 张、折叠餐桌 200 张,向 26 位贫困户赠送慰问金 9300 元,并成立了留守儿童关爱帮扶基金。

2021 年 10 月,刘未川任职西街村党委副书记,2022 年 7 月,任职西街村党委书记,主持全面工作。

谈到今后的工作规划,刘未川想做好三件事情:一是下好民生为本“先手棋”。把德治、法治、智治结合起来,让基层治理发挥强有力的草根优势。二是牵牢民情诊所“牛鼻子”。深入田间地头,主动听取群众诉求、掌握群众不满意事项,集中力量解决群众急难愁盼的事情。三是画好民主决策“同心圆”。开创西街村民生实事项目票决制,践行全过程人民民主。

对在校的学弟学妹们,刘未川给出了几点期望:第一,必须扎实学好专业知识,专业基础一定能有助于职业发展。第二,在校期间多参加社会实践,丰富个人经历,毕业前做好明确的职业规划。第三,毕业后,尽可能地提高自己的能力,脚踏实地、努力工作。

成长点评

刘未川大学毕业后应征入伍，在军队大熔炉里磨炼意志、建功立业；退伍后回乡做村官，凭借自己的才能与担当，得到了群众的认可。刘未川的就业创业典型事迹告诉我们，青年大学生要学好专业、增强本领、提升境界，用坚强的意志和远大的理想信念筑牢成长成才之基。

扎根雪域高原，书写无悔青春

黄孝福，男，1997 年 5 月出生，江西赣州人，中共党员，2020 届中医学专业本科毕业生。现就职于西藏自治区山南市乃东区卫生服务中心。2021 年 10 月至今，在西南医科大学附属中医医院规培。

“到西部去，到基层去，到祖国和人民最需要的地方去！”有这样一个群体，他们扎根基层，服务群众，以无畏的豪情直面高原的考验，用稚嫩的肩膀扛起对祖国和人民的担当，在基层岗位上彰显着青春的力量。他们是“大学生志愿服务西部计划”（简称“西部计划”）的志愿者，他们用实际行动践行青春的誓言。

今天让我们一起走近江西中医药大学中医学院2020 届中医学专业毕业生、“大学生志愿服务西部计划”志愿者黄孝福，聆听他的故事。

求学往事

黄孝福从小就向往中医，小时候有一次生病了，母亲带他去找了一个老中医看病，中药很苦，但是吃完后可以吃一大勺白砂糖，母亲称之为“先苦后甜”，病很快就好了，他对中医的好奇从那时起便埋下了种子。中学时黄孝福大量接触课外读物，经常在书店待着，他偶然看到《黄帝内经》《本草纲目》等中医相关书籍，虽对这些一知半解，但他常常被这些中医相关的典籍吸引，高考后果断填报了江西中医药大学中医学专业志愿。

在大学期间，经过系统的学习，黄孝福对中医学有了初步的了解，但越是了解，他越觉得迷茫——我能成为一名好中医吗？

黄孝福在九江市中医院见习的时候，听了带教老师在“中医思维训练”中讲述的阴阳五行、五运六气、八卦、辨证论治、治病求本……他深感中医药知识博大精深，如浩瀚银海，为之深深着迷。有一次，带教老师让他独自进行问诊，当面对患者时他一下子就蒙了，“这啥病啊？没见过，我该怎么办？”手足无措是他第一次给人看病时最直观的感受。尽管如此，老师并没有指责他，但这件事激起了他要学好中医的念头。

与此同时，黄孝福在学校还参加了“国旗班”，并获得了“优秀护旗兵”荣誉；在班级里，作为班干部一员，他积极维护集体，团结同学，在 2017—2018 学年被评为“优秀学生干部”；他热爱运动，多次在校运动会上取得名次，并在第五届校运动会中，被授予“校运会先进个人”称号……

品学兼优、性格开朗、热爱生活是他留给大家的印象。他有较强的实践能力和组织能力，大学期间学习勤奋，积极向上，喜欢和同学讨论并解决问题，积极参加学校及班级组织的各种活动。正是这些优秀的品质，让他在大学期间一步步走向成熟。

援藏经历

从江西赣州到西藏山南，3000 公里相距遥遥，正值青春的江中医学子黄孝福毅然跨越千里开始了他的援藏之旅。

2020 年 6 月，又是一年毕业季。大学期间，作为一名学生干部，黄孝福不断积累志愿服务及社会实践经历，为同学服务，为人民群众服务；作为一名优秀“护旗手”，毕业后他不忘初心，毅然参加了“西部计划”，只因为“到西部去，到基层去，到祖国最需要的地方去”早已在他的心中生根发芽。雪域高原的艰苦环境，薄弱的医疗卫生条件，不但没有成为劝退他的理由，反而更加坚定了他拼命奔赴的决心。

2020 年 12 月，经过层层选拔，黄孝福抓住了应届毕业生深入基层的宝贵机遇，成为了一名光荣的“西部计划”服务西藏专项志愿者，他被分配至山南市乃东区人民医院工作。刚到西藏，他就面临着海拔 4000 米高原反应带来的不适，开始三天是最难受的，但他不怕艰苦，克服困难，一个月之后就基本适应了西藏的气候。这里天很蓝，云很白，黄孝福在熟悉的岗位上从事自己喜爱的工作，在中医科，平时主要是给病人做推拿、针灸之类的治疗。

之后，他收到组织部为期三个月的培训通知，主要是学习西藏的文化、语言、历史及国家在西藏的政策等。在培训期间，他对这个陌生的地方有了进一步的了解，深感这里的基层医院条件相对简陋，基础设施、医疗资源有限，信息化建设刚刚启动，农牧民卫生观念和健康意识相对薄弱。这几年，通过对口援助，山南市的医疗条件、卫生健康水平得到了改善，但总体来说，还有很多工作需要当地人民和一批批援藏工作者合力完成，扎根西藏的梦想在黄孝福心中生根发芽。

培训结束回到医院后，他深知要想发展中医事业，首先要提升自己的中医水平，于是黄孝福向单位提交了规培申请，为此他在西藏的服务期多加了八年，但是他不后悔。在等待规培的期间，他积极参与当地的基层医疗工作。在工作的同时，他抓住每一次与当地同事、群众接触的机会，他知道只有真正地深入基层实地考察，知道群众需要什么，知道这个地方缺什么，才能更好地服务当地人民，为西藏发展做贡献。西藏美丽的环境、淳朴的人民都更加坚定他扎根西藏，助力西藏的决心。

奋斗的青春最美丽。为了实现心中的理想，为了能以更专业的知识和更精湛的技术服务藏区百姓，为当地医疗卫生带去新的希望，他以梦为马，不负韶华。2021 年 10 月底，黄孝福来到四川省，开始为期三年的规培生活。规培不是终点而是一个全新的起点，身为中共党员，他深知未来八年的援藏意味着什么，他心甘情愿用自己的青春和激情到祖国最需要的地方为国家发展奉献自己的一份力量；身为一名中医学子，他也默默立下鸿鹄之志，要用自己所学尽心尽力为西藏医疗事业发展做贡献，让使命和担当扎根雪域高原，书写无悔青春。

成长点评

岁月无语，青春有言。柳青在路遥《人生》的序言中说：“人生的道路虽然漫长，但紧要处常常只有几步，特别是当人年轻的时候。”知识就是力量，把学习当成一种习惯，不断提高自身理论水平和业务知识素养，不断提高服务全局工作的能力和水平。纸上得来终觉浅，绝知此事要躬行。坚持学以致用，用辩证的思维去思考和研究农村中的新情况、新问题，不断提高自己分析问题、解决问题的能力，不断提高应对和处理复杂问题的能力。

做一个敢负责的人。有责任心，有强烈的事业心和责任感，坚持做就做好，做出精品，争创一流。吃苦耐劳，爱岗敬业。始终保持一股闯劲、一股冲劲、一股韧劲，凡事力求先人一步、胜人一筹、快人一拍。在工作中做到高起点、高定位，高标准要求、高质量落实。

习近平总书记说过：“援藏精神是中国共产党的一个崇高精神，是中国特色社会主义的一个显著优势。”黄孝福主动援藏，用青春续写援藏精神，用大医精诚践行医学生的使命担当。希望广大江西中医药大学学子积极响应党的号召，到祖国和人民最需要的地方去建功立业。

步步寻往迹，有处特依依

陆备文，男，1985 年 12 月出生，上海人，中共党员，江西中医学院（现江西中医药大学）2009 届中医学（国际交流方向）本科毕业生，创办了上海元朔健康信息咨询有限公司、上海元朔中医门诊部、上海元朔大药房有限公司、上海德充中医门诊部、上海元一医疗科技有限公司、上海元朔医疗美容门诊部、上海阿罗诃生物科技有限公司、重庆元朔普华健康信息咨询有限公司等企业。

十多年前踏进江西中医学院的校园时，陆备文心中除了拥有刚开始大学生活时的新奇与兴奋，还怀揣着一份希望通过自己的努力和奉献，能为社会做一些有益的事的初心。也正是这份初心，陪伴陆备文一步步走向成功，创造了属于自己的光辉岁月。

母校　青春记忆

2004 年，陆备文进入江西中医学院中医学专业学习。同许许多多的大学生一样，他第一次远离家乡，离开父母的怀抱，还是有各种不适。陆备文初次体验到了南昌热情似火的天气，也体会到南昌人民的淳朴和热情，这些就像南昌火红的辣椒，让人欲罢不能，他从完全不适到习惯再到喜欢。“最早来南昌读书，家里人也会有诸多不理解，因为在很多上海人眼里，上海就是世界中心，完全想不明白我为何会跑外面去读书。”陆备文说，“物华天宝，人杰地灵，江西这片热土，来了，你就会爱上这里！”

读万卷书，行万里路。陆备文坐在图书馆里，凝视书本上静止的文字，思想却在漫行天下。“‘生活在别处，真正的生活永远在别处’——米兰昆德拉是我青春期最喜欢的作家，我也一直坚信真正的生活永远在别处这个信念。古人说‘达则兼济天下’，达说的就是通达，上下左右八方通达，在自己的一亩三分地不走出去，永远也通达不了，世界会越来越小，只有走出去世界才会变大。”陆备文回忆着在母校那些年的点点滴滴，不经意道出对生活的理解。

陆备文在江西中医药大学求学期间，经常行走在街头巷陌，田间地头，细心地观察这或喧嚣或宁静的世界，力求发现生活的真谛。“直到现在，一年里我至少有一百多天在外面各处看看跑跑，来丰富自己的见识。”陆备文发自内心地感激母校，他认为正是在这段求学过程中养成的习惯成就了今天的自己。

在江西中医药大学学习生活的五年，是陆备文开心快乐的五年。多彩的校园生活，求强、求精的学习理念让五年的大学生活变得更为丰满。“青春飞扬的大学时光，你怎能忘记恩师的悉心教导？你怎能忘记同学间的那刻骨铭心的情谊？纵使岁月蹉跎也抹不去大学时光的美好。”

“南昌也成了我的第二故乡，承载了我青春的五年。清晰地记得湾里雨后的云爬山，梅岭水库那边美丽的夕阳和无数青春的记忆。”在回忆母校的刹那间，陆备文眼眸里闪烁着光。

筑梦，大学生活奠定了扎实的专业基础，同时广泛的社会活动也促进了他综合素质的全面提高。在这里，陆备文深刻认识到“惟学、惟人、求强、求精”校训的含义，他思考着如何创新发展中医药事业？如何运用所学服务和辐射到更多的普通人群？毕业后创业的想法在他脑海中萦绕盘旋。

深思　决心创业

2009 年毕业回上海，陆备文秉承着“以服务人类健康、服务社会进步，继续高扬创新旗帜，持续拓展产业领域，创新企业管理，努力铸就医药健康产业”的理念，开始了自主创业。

2010 年陆备文的上海元朔健康信息咨询有限公司正式成立于上海长宁区，开始做线上大健康服务，于当年线上日活 200 万人，并于 2011 年拿到某头部创投公司风投 500 万元。2012 年陆备文在上海长宁区设立上海元朔中医门诊部，开展线下医疗门诊服务。2014 年回购创投公司股份全部完成，公司开始私有化。2015 年他在上海嘉定区开设上海元朔大药房有限公司，上海德充中医门诊部，进一步扩大线下医疗门诊服务。2016 年于上海长宁区成立上海元一医疗科技有限公司，进入皮肤病相关原料药生产研发及市场推广领域。该产品在细分市场上逐步站稳脚跟，在 2019 年取得流通市场占有率 22.3%。2017 年线下中医门诊纳入上海医保，线下门诊服务迈上新的台阶，也成功转型为以“标准化治疗，特色科室”为核心的医疗发展模式，引进名医专家工作室，王法德名医工作室（全国名中医），陈越名医工作室

(上海名中医)等。2018 年在上海嘉定区成立上海元朔医疗美容门诊部，进入医美市场。2019 年于上海长宁区成立上海阿罗诃生物科技有限公司，将皮肤病药打入国际市场。2021 年于重庆成立重庆元朔普华健康信息咨询有限公司，准备进入西南市场医疗服务行业。

"一路走来创业 13 年，中间过程犹如西行取经历经九九八十一难，幸运的是这一路都过来了。有人说现在这个'躺平'时代不适合创业，经济不好，机会变少，其实在我看来每个时代都有每个时代的机遇，每一次的危也是机遇，一体两面阴阳的力量永远存在。2020 年以来，受疫情影响，有些人看到的是无数企业倒闭，但有些人看到的是很多新行业的崛起。时代的车轮在往前进，与时俱进是企业也是个人的生存法则。"陆备文说。

感恩　经验分享

对于管理企业，他深谙其道，将个人的一些创业经验无私分享给有创业梦想的学弟学妹们。

1. 少开会，避免浪费精力跟时间。

有了问题现场解决，问题的上下游相关责任人当下处理，总结经验，总结形成纪要，避免下一次发生。公司决策上的事少数人商量达成共识后，分摊到个人都是明确细则。单人单事直接主管解决，WORD 能表述的事情决不做 PPT。

2. 追求利润，不追求规模。

商业的本质是利润，年轻的时候追求规模，引进风投，时过境迁发现利润才是企业的根本。相对规模更看重企业效益，这也是劝勉后浪们创业时的忠告，企业是创造利润的，规模扩大的进程可以慢一点，但利润是根本，有利润的模式才是健康的商业模式。

3. 步步看空，处处寻有。

创新不是无根之木，根必须是现有的东西，用现有的东西去创造新的东西的商业模式才是稳健的发展模式。要多学习、多观察、多思考，珍惜大学的美好时光，扩大眼界，清楚要什么，做什么，怎么做！选择一条好的赛道，往往事半功倍。

今天不同于十多年前，如果不是行业头部 5%，融资已经成为了奢望。虽然陆备文对融资也持保留态度，企业分类型，有些企业适合拿融资，有些则完全不适合。他也曾在风投盛行时期拿过风投融资，最终也是数倍代价才摆脱。不盲目拿投资是所有创业者必须谨慎对待的事情。

4. 不拘一格用人才。

对人才的理解不用市场标准定义。一般雇员常规招聘，但是重要岗位人才挑选往往不参考市场标准。学历是参考，资历是参考，简介也是参考。人才是第一生产力，要学会从现有员工里面提拔有能力、有担当的人才。空降的人才不一定适合现在的企业文化，务实才是真正的企业精神。

在采访中，陆备文表达了他对母校恩师的思念，深情寄语江中青年，他说："永远不要对时代机遇产生怀疑，在中国这个大市场里面，今天是比以往任何时候都要好的时代，要把握住机遇，选择好的赛道，存活下来的会有更大的空间来发展"。

"2009 年，金融危机影响国内经济，就业形势严峻，毕业时就业压力很大。尽管当时连基础财务数据都看不懂，但我依然满腔热血，信心满满，保持昂扬斗志，思考着结合专业所学，寻求未来的出路。"

"对青年人来说每一条路都是不容易的，千人千面，每个人找到适合自己的人生方向更重要。现在的网络'鸡汤'文很多，很多人就似乎什么都懂，对世界局势走向像是了然于胸。夸夸其谈永远不如实干，情感大师可能至今单身，基金经理可能自己都在亏损，创业导师可能自己连个面馆都经营不下去。大家要相信自己，不要迷信别人和各种方法论，去干，去实践，把自己的想法扔到市场中去实战，市场是检验自己想法是否正确的唯一方式。"

成长点评

谈到创业，很多人都会说"难"！ 陆备文勇于追求、奋力实干，将个人梦想与社会责任紧密结合，用更高的格局取得了更大的成就。 他的创业故事告诉我们，每个人都是自己人生的创业者。

第2篇

药学类专业校友篇

在逆境中成才，不负韶华

徐茜，女，1985 年 10 月出生，河南南阳人，中共党员，本科就读于江西中医药大学药学专业，硕士、博士就读于南方医科大学药剂专业，南方医科大学药学院与美国匹兹堡大学药学与分子生物学院联合培养博士。徐茜博士主持或作为主要参与人完成过五项重要科研项目，发表过多篇 SCI 论文。她现为南阳师范学院生命科学与农业工程学院副教授，南阳师范学院组织部组织科科长，郑州源创基因有限公司科研主任，并拥有“双师”型教师、卧龙学者、硕士研究生导师、执业药师、中国遗传学会遗传咨询分会遗传咨询师、国家卫计委个体化医学检测资格培训认证医学检测师等多重身份。

生命不止于前　不断提升自我

徐茜在本科期间就在实验室做实验，争取发表论文，为今后的研究生乃至博士生学习生涯打下坚实基础。授人以鱼不如授人以渔，正是因为有这样的经验，她自参加工作以来，就特别注重本科生的实验能力培养。她曾带领一位本科生做实验，期间亲力亲为，苦心培养，终于功夫不负有心人，由她带领的那位同学最终发表了一篇 SCI 文章，并且为该同学今后的考研奠定了基础。

对于假期安排，徐茜也有与常人不同的观点。她经常说，吃得苦中苦，方为人上人！她说假期是丰富自我提升自我的最佳时间。大学生应该将目光放得更长远一些，不可拘泥于眼前的安逸现状。或许很多人会选择假期与朋友三五成群地坐在露天的广场上，吃着烤串、喝着啤酒，这是一种生活方式，但同时也要明白，当我们一直沉溺于这种方式的时候，可能十年之后依旧还是生活在这种方式之中，逐渐就会失去了人生努力奋斗的方向。

安逸消磨人的心志，人生的道路必然止步不前。徐茜说：“我经常会带我的学生出去见识一些‘大场面’，会对他们进行一些精神激励，其目的就在于让他们自己思考，这是不是他们想要的生活？既然你想选择一个与众不同的目标，那只有从一开始就走一条与众不同的路，最终才能完成自己的理想。”

面对困苦艰辛　不抛弃不放弃坚定地朝着目标前进

艰难困苦，玉汝于成。她也和我们分享了自己成长道路中的伤心事。父母离异，父亲离开，初入大学的她情绪低落，看着周围同学每天激情澎湃地参加各式各样的活动，过着充实的生活，她虽有过迷茫、不知所措，但很快就振作起来，立志通过自己的努力改变人生。她有一条个人座右铭：人要有一个好的 control（参考标准）。她说：“你以什么作为一个参考标准，对你的生活改变非常重要；参考标准对了，你的世界就对了；参考标准错了，你的世界就错了。在大学期间，你会遇到很多人，他们可以影响你的三观，但第一步你要找准你的 control，然后就是不断努力朝着它迈进。”她希望学弟学妹们能在每一个阶段都找到一个很好的 control，作为一个信念来支撑自己。

再回首，仍是心怀感恩，充满温馨，不变的仍是“同窗情”

恰同学少年，风华正茂。纵使徐茜已经参加工作多年，但她仍然忘不了大学时期的同学情。她说：“能在人生的成长道路上遇到那么一群好同学、好伙伴，支持着我、鼓励着我。我觉得这是一种幸运，需要珍惜。在大学时候，大家一起互相打气，为了实现人生的理想，不断努力、不断奋斗，这何尝不是一种幸福！”

成长点评

徐茜的成长故事丰富生动，她既有明确的成长目标，又收获了宝贵的同窗情。大学期间，需要充分利用学校资源，努力培养自己，实现专业知识与综合能力的同步发展，在日积月累中实现自己的理想。

道阻且长，行则将至

谷丽菲，女，1990年8月出生，湖南郴州人。2013届药学专业本科毕业生、2016届中药学专业硕士毕业生，师从刘荣华教授和邵峰副教授。2016年考入中国药科大学中药学院生药学专业攻读博士学位，2020年博士毕业后进入深圳市药品检验研究院博士后工作站从事研究工作，并以优异的成绩提前完成博士后研究，于2022年8月正式入职深圳市药品检验研究院。

大学期间，谷丽菲获得国家励志奖学金3次、学校一等奖学金4次、校"三好学生"3次。英语能力突出，高分通过英语四级、六级，曾获学校举办的"双惟杯"英语口语秀风采大赛非专业组二等奖，获"外研社"杯全国英语写作大赛校级选拔赛三等奖，获学校第一届研究生外文文献翻译大赛二等奖。

"惟学、惟人、求强、求精"校训是她谈话中经常提到的，或许正是"双惟"班的培养，塑造了她能吃苦、爱钻研的品质，成就了她优秀的成长之路。

初识科研　成为第一届双惟"药学摇篮班"优秀学员

"药学摇篮班"成立于2011年，是学校在"双惟"班的基础上，依托现代中药制剂教育部重点实验室搭建的"促实践、育特长"的育人平台。旨在全面贯彻党的教育方针，落实立德树人根本任务，进一步挖掘和拓展校训文化内涵和精神内涵，依托科研平台在科学研究、人才培养和社会服务等方面的优势资源，为国家培养能满足医药科研、管理需要的复合型、实用型和创新型药学卓越人才。

"药学摇篮班"面向药学相关专业大二年级学生招生，每年春季学期开班。2011年3月，谷丽菲成为了第一批加入"药学摇篮班"的学生。那年暑期，她正式进入实验室开始了自己长达两年的科研学习生涯，毕业时获得了"药学摇篮班"的优秀学员称号。

谷丽菲认为这是她专业研学的起点，为之后读研、读博以及从事药学科研工作奠定了扎实的基础。

了解科研　困难重重，立志报考中国药科大学

进入“药学摇篮班”后，第一件事就是选导师。当时的谷丽菲专业成绩不错，在了解导师的研究方向之后，她根据自己的兴趣，选择了中药分析方向实验室，师从邵峰老师。

谷丽菲回忆道：“进入实验室以后，才知道邵峰老师以要求严格著称，真的是名不虚传。”记得刚进实验室，邵峰老师就要求学生暑期必须留校做实验。据谷丽菲回忆，当时的科研任务比较重，实验室包括研究生在内，只有五六个人，每个人几乎每天都是从早上八点做实验到晚上十点以后。而邵峰老师也会每天在这个时间段在实验室亲自带教。谷丽菲说，有一次她经过长时间努力，终于顺利完成了一个实验，当她兴高采烈地去向邵峰老师汇报的时候，没想到邵峰老师却冷冷地来了一句，你再重复做一次。她当时都崩溃了，这可是她第一次耗费大量时间和精力做出令自己满意的实验。虽然当时很失落，但是也不得不重新开始，又做了两次实验。她说，后来她也能理解了，任何实验都不可能以一次得到的数据结果说明实验成功，是需要重复三次及以上的。也因为这一次“大喜大悲”的经历，让她慢慢对科研有了真切的体验。

本科期间，在邵峰老师的指导下，她还参与了课题组论文的撰写，并公开发表了一篇期刊论文，进而坚定了她考研的决心。她当时的考研目标是中国药科大学，在她心目中，中国药科大学药学专业是最好的。可是，那一年考研竞争激烈，由于自己准备不够充分，最后没能如愿进入自己理想的大学。大哭了一场之后，她选择调剂回母校，继续师从刘荣华教授，又在重点实验室邵峰老师的指导下开始了硕士研究生的学习生涯。

坚定考博　读研去不了中国药科大，那就读博去

虽然考研失利未能去到自己心仪的学校，但却更加坚定了谷丽菲要考博的信念，同时她从这次失利中看到自己与名校之间的距离。在读研期间，她加倍努力，认真对待老师交给的科研任务，积极主动地与老师交流，导师也对她提出了比同专业学生更高的要求。当时，学校对硕士研究生毕业的最低要求是发表一篇中文核心期刊论文，她说：“很感激刘荣华老师和邵峰老师，在他们的指导下，我读研的时候发表了两篇 SCI 论文，两位导师也在我考博时给予了很大的帮助和支持。”研究

生期间的深耕细研，让她圆了上中国药科大学的梦，成功被生药学专业录取。她说："我记得考博面试的时候，中国药科大学的老师，尤其是我后来的博士导师余伯阳教授，对我简历中有过在'双惟'班的学习经历特别感兴趣，他们对'双惟'学子特别认可。"

谈英语学习　多看多练多模仿，提高专业水平

在谈及英语学习方法时，谷丽菲说："当时准备英语四六级考试，我也没有报辅导班，主要就是充分利用好上课的时间。在上课时，我会边听老师讲课，边快速记下老师说的话，去学习英语老师的专业表达。英语老师都很厉害，只要上课能百分百跟上他们，英语肯定不会差。"她还提到，学习英语的好处是，可以帮助自己高效地阅读大量的外文文献。她记得在读博上英语课的时候，能对老师布置的文献翻译作业进行既专业又流利的表达，让老师刮目相看，她说这些其实都与在江西中医药大学的学习和科研实践的经历分不开。

如今在跻身全国药检第一方阵的深圳市药品检验研究院，她将借着"双惟"班点燃的科研火种，继续中药质量评价、中药药效物质基础与作用机制研究，为掌握中药国际标准的话语权贡献力量。

最后，她想跟学弟学妹们说，人生是一场长跑，不要害怕自己的起点低。常常仰望星空，梦想会给你力量；时时脚踏实地，努力会带你成功。道阻且长，行则将至。每天坚持多努力一点点，未来的你一定能看到一个令你满意的自己。

成长点评

大学期间培养科研能力、学好英语、提高专业水平是关系到继续深造的基础性工作。谷丽菲大学期间充分利用学校丰富的教学资源和科研力量，让自己在科研、专业方面有长足的进步，为后来硕士、博士毕业及药学科研工作打下了坚实的基础。广大青年学子既要树立远大的理想，又要脚踏实地，在追梦逐梦、干事创业中结出累累硕果。

奉献不言苦，追求无止境

刘强，男，1995 年 4 月出生，陕西安康人，中共党员。2014 年 9 月进入江西中医药大学药学院中药制药专业学习，在校期间，担任团支书、纪律委员、学生第六党支部委员等职务。2018 年 6 月毕业，考入新疆专项公务员，现为新疆阿图什市吐古买提乡乡村振兴办主任。

在新疆这片广袤的土地上，有风沙肆虐，有高温酷暑。对刘强来说，四年的工作和生活有奉献，也有成长。

为什么去新疆

为什么要去新疆工作？刘强说起了让他牢记于心的习近平总书记的深情号召："到基层和人民中去建功立业，让青春之花绽放在祖国最需要的地方，在实现中国梦的伟大实践中书写别样精彩的人生。"

回忆母校四年大学时光，如白驹过隙，但那是他生命中最珍贵的收藏。"博洽通达，弘毅致远"，临行前辅导员送他的这八个字，已成为他人生的格言。

"生逢伟大时代，是我们这一代人的幸运；孜孜追求、不懈奋斗，是我们在这个时代最好的担当。"刘强如是说，"基层工作的 1500 多天，每时每刻都在磨砺着我的意志力，提升着我的综合能力。可以说，基层工作的日子，让我看到了人生真正的价值。生在红旗下，长在春风里，选择基层，服务基层，是我们这一代青年人的使命担当。"

刘强初次进疆是在 2018 年的 7 月末。7 月的新疆，长河映落日，绿树衬浓荫，山色皆秀丽，瓜果尽飘香。如同他进疆的满怀激情，热烈纯粹，难以忘怀。那个时候他是怀着对未来生活的无限向往和期待的。新疆并没有让他失望，来到这里的第一天，他便深深地爱上了这片土地。刘强笑道："那个时候的想法其实很简单，也很真诚——去祖国最需要的地方。"

他选择到新疆工作有三个理由：首先，作为一名党员，信仰告诉他这是他应该做的；其次，人生在世，需要做一些事情，或者完成一些使命，这也是情怀使然；最后，这是一个机会，能很好地发挥自己的能力和特长。于是，他就去了。

基层工作的收获

不知不觉，刘强在新疆工作已经整整四年了，刚到基层时他被安排在农业服务中心办公室，主要负责核实退耕还林还草补贴、草原生态补助、地力保护补贴等补贴发放人员的信息工作，高质高效完成各项汇报材料的撰写。在这个过程中，无论是为人处世还是日常交际都让他受益匪浅，收获颇丰。来到一个新环境，开始了新的征程，他认真学习、虚心请教，向身边优秀的干部学习好的工作方法，熟悉了全乡的基本情况之后，逐渐地融入日常的工作环境中，发挥自己的优势，做好领导安排的每一项工作。

在扶贫期间，他还要兼顾乡团委的一些工作，虽然有时候他会感到力不从心，但作为一名扶贫干部，一想到贫困户家里的情况，他总是以饱满的热情冲在最前面。在精准扶贫工作中，他帮扶了两户贫困户。其中一户贫困户家中有两位老人，一位是残疾人不能干重活，全靠老伴一人支撑家里生活，是典型的因病致贫。在驻村期间，他主动到老人家中帮忙干活，逢年过节为老人家送上米、油等生活物资。老人对帮扶人刘强，也从一开始的“记不清叫什么”到现在的“小刘”“小伙子”，他每次入户，老两口都非常开心。通过基层工作，刘强切实感受到了为群众服务的快乐，不断帮助群众解决困难也让他的青春充满了意义。脱贫攻坚是一场没有硝烟的战役，作为全国扶贫战士中普通的一员，他自觉扛起扶贫大旗，坚守于无数个扶贫工作之夜，奔走于无数次为民解难题之路，一步步带动贫困户脱贫前进的步伐，追寻着属于他的星辰大海、诗和远方。2020 年，刘强被评为阿图什市脱贫攻坚“先进个人”。

牢记初心　展望未来

刘强现任乡村振兴办公室主任，协助乡党委抓好全乡的乡村振兴工作。乡村振兴战略是党的十九大提出的一项重大战略，是关系全面建设社会主义现代化国家的全局性、历史性任务，是新时代“三农”工作总抓手。作为一名乡村振兴干部，他深知自己身上的担子更重了。吐古买提乡属边境牧业乡，自然条件恶劣，土地贫瘠，种植业结构单一，传统畜牧养殖占产业发展主导地位，乡村振兴的任务更加艰巨。

民族要复兴，乡村必振兴。乡村振兴，既要塑形，也要铸魂。脱贫攻坚战取得全面胜利，乡村振兴使命在肩，老百姓的钱袋子鼓起来了，脑瓜子也要活起来。他时刻牢记全心全意为人民服务的宗旨，把为群众办实事、办好事，解决群众的热点难点问题作为工作的重中之重，始终站在为基层事业奋斗的最前列，处处发挥党员先锋模范作用，恪尽职守，无私奉献，爱岗敬业，任劳任怨，以身作则，以自己的言行诠释了共产党员的先进性，在平凡的工作岗位上，以实际行动书写着自己不平凡的人生。

成长点评

刘强积极响应党的号召，报考新疆专项公务员，投身乡村振兴，开创了对口扶贫工作新局面，充分展现江中医毕业生高度的政治觉悟和积极奉献的优秀品质。他想把“迎难而上”四个字赠送给学弟学妹们，在校期间要刻苦学习，工作之后要勇挑重担，要到祖国最需要的地方去建功立业，在奋斗中创造精彩人生。广大青年学子可以借鉴刘强的事迹，开拓就业思路和职业发展路径。

在迷茫里砥砺，从自律中开花

柳莹，女，1993年9月出生，江西九江人，中共党员，本科就读于江西中医药大学，硕士就读于上海交通大学医学院药学专业，目前为上海交通大学医学院公共卫生与预防医学在读博士。柳莹主持过多项科研项目，其中包括一项国家自然科学基金青年科学基金项目，并成功以第一作者或通讯作者发表多篇学术论文，现为复旦大学附属中山医院主管药师。

迷茫　给予了她谋求转变的渴望

回想起2010年刚步入大学的自己，她多次用“迷茫”这么一个词，来概括当时自己的心境。

“我当时不知道自己要什么。”这是柳莹谈起当年自己在决定是否考研时心路的一个总结。当迈过了高考这道独木桥，步入社会这条康庄大道后，一个又一个纷繁复杂的选择扑面而来，每一个都关系着人生与未来。站在这些选择面前，迷茫，不可避免地成了每一个人必过之坎。

在迷茫中如何自处、减少焦虑，成了柳莹首先要解决的问题。有人克服了迷茫，有人逃避着迷茫，而柳莹选择的是与迷茫共生。“我觉得每个人都肯定会有迷茫，在我看来，迷茫其实是一件好事，不破不立，只有在你迷茫时，才说明你正面临着新的可能。”

“其实现在的我也依然很迷茫！”当柳莹笑着说出这句话时，她的自信与大方已经表明，迷茫不再是她人生路上的拦路虎了，而是一本常读常新的书，一位形影相随的挚友。

自律　“双惟”成了她磨砺自己的法宝

当被问起在畏惧迷茫与悦纳迷茫之间的心理转换是如何完成的时候，柳莹思索了一会儿，最终给出了这句话：因为自律，因为“双惟”。

她解释道，面对迷茫，如果一时找不到出路的话，“按部就班”是最稳妥的方式——尽力做好当下自己能做的一切，日复一日地坚持下去，当你真正走到抉择面前时，你会发现你走过的路、坚持过的东西、积累下的知识，都将成为你最后的答案。

而她选择“双惟”成为自己自律路上的指明灯。

谈到“双惟”，柳莹满是感怀，像是倒豆子一般，有说不完的话语。她说她对“双惟”感触最深的两点，一个是教无类的培养理念，另一个是自律的“双惟”生活。

“双惟”是没有门槛的，但它是有台阶的。这种培养理念在柳莹看来意味着拥有更多的可能性与包容性，也正因如此，她在“双惟”四年才有机会遇上形形色色的队友，结下许多奇妙有趣的缘分。这也为她的大学生活添上了浓墨重彩的一笔。

他人看来叫苦不迭的“双惟”“三晨”，在柳莹这里却成了培养自律品质与磨砺自己意志的法宝。

当被“尖刻”的记者问道：“是因为你的自律才进入的‘双惟’呢，还是因为‘双惟’使你变得自律呢？”柳莹宕开一笔，给出了一个出乎意料却又在情理之中的回答：“是想要自律的我，选择了能让我自律的‘双惟’。”

再回首　感慨往昔峥嵘岁月，少年意气

如今的柳莹学业有成，前途光明，回想起在“双惟”的那些往事却仍不免动情，言语中流露着些许怀念与向往：“我印象最深的是初入‘双惟’时，队友们做起事来的那种一往无前的勇气，他们喜欢去尝试，做起事情来比较坚定，而且不会怕输！相反，如今我参加工作以后，会发现自己做事越来越瞻前顾后——也就是说比较怕输。”

“我现在做一件事，会先评估这件事的成功率，再决定要不要去做，但是当年那些小队友们，他们做一件事情的时候，不会去评估他们到底想要得到什么，而是会选择不断地去尝试。这是一种令人很难忘的勇气！”

成长点评

注重“教无类”的培养理念和生活自律，是江西中医药大学“双惟”班的鲜明特色和光荣传统。用“双惟”理念推动大学的学习和生活，形成常态和长效机制，能促进大学生特别是大学新生增强能力、提升素质，实现学业与能力同步发展。对学生毕业后的职业生涯发展，也会产生长远的影响。

精勤不倦，创业助农

何敏，男，1986年1月出生，江西抚州临川人，中共党员。2008届中药学专业本科毕业生，2011届中药制药学硕士毕业，中药师承全国名老专家范崔生、龚千锋、张金莲教授；传统技艺师承丁社如、刘香保大师；中医师承赣名医王力教授；从事中药制药研发、中药饮片炮制、采购、鉴定方面的研究工作十余年，擅长传统中药炮制、制剂、产品研发、市场策划和营销。现为江西奉原生态科技有限公司总经理。对盱江医学、樟帮、建昌帮传统中药炮制有独到的情怀和研究。

入选江西省中医药与生物医药领军人才，担任江西省中药材产业协会副会长、江西省传统中医中药研究会理事、江西森林药材专业委员会委员、江西省中药炮制竞赛裁判员。

为自己热爱的事业奋斗不息，是所有人都向往的一件事，何敏也正是在自己热爱的中药事业中找到了最好的自己，成就了更好的自己。从迈进江中医的那一刻，何敏就毅然投身中药事业，在学习路上越走越宽。知学合一、以创为行，何敏不为繁华易素心，精勤不倦，不忘初心，创业助农，将自我与时代相融。

拾药明志　以梦为马

2004年，何敏考上江西中医学院（现江西中医药大学），热情中掺杂着年少的义无反顾，入学之际，何敏便将临床专业换成了更感兴趣的中药学专业，他专业课程表现优异，深受老师喜爱。

他于2008年考上本校中药制药硕士研究生，师从张金莲教授。在自身踔厉拼搏及导师的帮助指导下，何敏仅用一年时间便完成了三年的硕士课程以及课题研究，硕士期间到省内专科院校代教讲学，研二下学期便走出校门参加工作。每谈及此，何敏无不感恩是良师让他收获颇丰，受益终身。

2011年，何敏硕士研究生毕业。对于毕业后的打算他谈到，留校无疑是一条比较安稳的路，但是他更希望能在探索中药现代发展的道路上走得更远。他婉拒了导师的留校邀请，踏上了一条并不安稳的路。怀着一颗“不安分”的心，带着中药梦想他加入广东一方制药技术研发中心，开始新的征程。

2013年，为了将己身的知识反哺故土，同时为了能向国内中药炮制、中药鉴定界泰斗范崔生老先生求学，他毅然辞去高薪职位返回江西，加入姚荷生研究室任中药研究员，助力家乡中医药事业的发展。“在那段日子里，我常常到范老家中拜访求学，深受范老渊博的学识及精神滋养，让我对中医药更添敬畏之心。”何敏谈道。

初心不渝　守正创新

2015年，何敏加入江西江中中药饮片有限公司，任市场部、研发部经理，后任营销副总；2017年，他成立江西盱江生态科技有限公司，开始自主创业，种植中药材；2018年，何敏任江西百神药业市场部总监，主持中药配方颗粒市场推广、学术支持、中医药的普及运用。

2019年，何敏正式辞去城市中所有工作，返乡创业，全身心投入到一直准备着和期盼已久的中药事业中，创立了个人第二家公司——江西奉原生态科技有限公司，发展中药材种植，中药种植面积达3000余亩，建成中药种苗培育基地100亩，中药示范园区50亩，自建中药健康食品加工厂房及办公楼。

2020年是何敏来到资溪创业的第三个年头，石峡乡是他中药产业落户的第一站，两年的孜孜不辍，项目落地生根，所有工作井然有序。何敏设想的千亩种植基地、黄精深加工、云舍黄精谷大学生实习实训基地，在各级领导的关怀与关注，亲朋好友、老师同学的殷切期盼中逐一上线并运营起来，极大地促进了中药产业的发展和当地社会的发展。

同年，何敏的公司获批“农业产业化市级龙头企业”“市级现代农业示范园”“资溪县非物质文化遗产”。何敏个人荣获资溪县首届“劳动模范”称号，并当选资溪县人大常委会委员。

产业扶贫　热心助农

在创业初期，何敏创立的江西奉原生态科技有限公司就已经在推动中药产业发展的同时，带领当地79户贫困户脱贫（共80户贫困户）。每年发放农民工工资100余万元，当年农民平均增收1万元，并且带动全乡7个村集体经济发展。

“时间来到2020年4月10日，第一次走进我在资溪创业的第二站——嵩市镇桥湾村，这里静谧优美的环境、热情好客的乡亲父老、干净整洁的古村落深深地吸引了我。”调研后，何敏在桥湾村建立了多花黄精种植基地助农扶贫，切实提升了当地群众的收入水平。

2021 年初，何敏与资溪县石峡林场谈妥林下经济发展思路，合作共创毛竹林下套种草珊瑚、黄精项目，4 月完成千亩林下草珊瑚套种，2021 年力争创建“百场兴百业、百业带百村”业态，创办草珊瑚提取物生产车间。

除此之外，何敏还在抚州市黎川县供应种苗及技术指导退耕还林地林下黄精种植，帮扶临川区的枳壳种植及产品回收；技术辅导吉安黄菊种植，供应种苗并技术指导吉安永丰县 16 个村黄精种植；帮助上饶市医保局驻点鄱阳县吴家边上炉村扶贫产业——金银花种植；技术指导上饶鄱阳玉竹种植……通过产业扶贫，真正做到施惠于民。

图难于易　行之将至

对于自己的事业，何敏说道：“创业如同大海中暗夜航行，看不见方向并且危机四伏，幸运的是我选择了最热爱的事业，幸福的是我组建了一个志趣相投的年轻团队，欣慰的是我返乡创业成长过程中一直能帮助贫困户脱贫、带动百姓致富。九层之台起于累土，千里之行始于足下，追逐梦想任重而道远，守住初心方得始终，美好的生活是创造出来的，我愿为脱贫致富奔小康摇旗呐喊，我愿为乡村振兴生态文明奉献青春，我愿为创建美好乡村大家园奋斗终身！”

成长点评

何敏的成功经验告诉我们，创业要善于在市场经济中发现机会，把握创业商机，还要创建并经营创业团队。广大青年学生在校期间应当努力学好专业知识、不断提高综合能力，还要注重创业所需的管理学、市场学、营销学等相关知识的积累与实践，不断提升自己的创业能力。

坚持理想，成就自我

余雅婷，女，1991 年 12 月出生，江西上饶人，中共党员，2014 届药学专业本科毕业生，2017 届中药药剂学专业硕士毕业生，师从朱卫丰教授。硕士毕业留校工作一年后考入上海中医药大学中药学专业攻读博士研究生，2021 年博士毕业后进入上海交通大学医学院附属第九人民医院药剂科从事临床药师工作至今。在校期间，余雅婷在思想、生活、学习、工作、社会实践和志愿者服务等方面表现突出。本硕学习阶段，曾获校“十佳青年”“优秀青年志愿者”“优秀共青团干部”“十佳团支部书记”等称号，带领团支部获“五四红旗团支部”，所在党支部荣登“堡垒榜”；连续四年被评为校“优秀学生干部”；参与太湖文化论坛志愿服务获评校“优秀志愿者”“先进个人”；连续四年参加社会实践服务，被评为“三下乡”社会实践先进个人。博士学习阶段，曾获“上海市优秀毕业生”、研究生国家奖学金、学业奖学金和一等奖学金等。

2011 年，学校在“双惟”实践班基础上，依托现代中药制剂教育部重点实验室，面向药学、中药学、药剂学、制药工程、应用化学等专业学生，以培养学生自学、辨证分析、科研创新思维等能力为目标，搭建了“药学摇篮班”这一科研育人特色平台。余雅婷在大二时通过加入“药学摇篮班”的学习，开始了她的科研探索实践之路。

参与科研实践　开启科研之路

与众多初入大学的学生一样，余雅婷充满着学习的热情，并希望能在大学期间提升自己的综合能力，将来可以找一份好的工作。大学期间有幸进入学校现代中药制剂教育部重点实验室进行科研实践的经历，对她当时的学习以及之后的职业规划产生了重要的影响。

访谈中，她告诉我们，在教育部重点实验室的实践相比于其他高校或者平台实践来说是非常令人向往的学习机会和经历。教育部重点实验室是国家级科研平台之一，她认为江中医最厉害的科研成果和最优秀的科研人才大多聚集在这里，她非常感谢母校能够提供这样一种学习机会。正因为在本科期间的坚持，让她对科研的认识从模糊变得清晰，也更加坚定了她考研的决心，对考研方向的选择也更加明确。同样得益于这段宝贵的科研经历，她在考研面试时脱颖而出。

培养科研思维　坚定考研目标

本科期间，她认为最重要的是对“科研是什么”有初步的了解，而后通过实践学习使自己的科研思维得到了训练，也为之后考研方向的选择提供了很大的帮助。“很庆幸在校期间得到了朱卫丰教授、管咏梅教授、林色奇教授等多位老师的指导。老师们教会我的除了对待科研保持认真严谨的态度，不止于寻找眼前问题的答案，还有学习提高分析问题、解决问题的能力。”余雅婷提到，正是从本科期间的这次学习机会中获得的科研思维方式，成为她之后攻读硕士、博士期间最受用的技巧。

除了科研思维之外，她认为如果能在本科期间的科研实践中学会基础的实验操作和仪器设备的使用技能，将会为以后从事研究工作提供很大帮助。她说：“研究生阶段往往是导师给一个课题让你自己回去先查文献、设计实验，做预实验再讨论。基本上没有课题组会给你很多时间再去学习基本操作，都期望你早日具备独立进行实验操作的能力。”因此，如果提前在本科阶段进行科研实践，将基本的实验操作能力基础打牢，会为之后课题的高效率完成提供很大的帮助。

回忆起第一次进入实验室，余雅婷说：“也许很多人和我一样，家里的亲戚朋友都没有药学这一行业的，大学期间前几年都是在课堂上学习各种药学、化学知识，没有机会和长期从事药学工作的专业人士进行交流，那么科研实践的过程中你的带教老师就给了你很好的机会。”她说特别幸运的是，她第一次参与科研实践就能够有机会跟本专业顶尖的老师进行学习，以至于到现在即使已经工作了，但凡在学习、生活和工作上遇到问题都还是会去请教这些老师，“一路走来，这些老师都给了我很大的帮助和鼓励。”

拓展综合素质　丰富个人发展

采访者在请余雅婷提供大学期间所获的荣誉奖励材料时，发现她不但在学业上成绩优异，而且也能在课余协助管理和领导班级、学生会、党支部，以及学校团委等各项工作的开展，获得校级及以上奖励、荣誉称号 20 余项。

在别的同学眼里，当学生干部其实挺耽误时间的，但是余雅婷说：“我不放过任何一个锻炼自己的机会，沉下心来做好每一件事，我相信付出总会有收获。”在大学时，最忙的一个学期她同时担任了江中医艺术团的副团长、班级的团支部书记和实验室的行政助管，这些岗位上的工作非常能锻炼一个人的时间规划能力和任务执行能力。现在回想起来，她说：“我还是蛮享受当时的状态，因为会认识不同的老师、不同的同学，接触不同事情，在提高自己的沟通能力、组织能力和工作能力的同时，也增长了见识和增强了自信心。”

不怕吃苦、享受奉献，让她在繁忙的学习之余也极大地拓展了综合能力。她说做学生干部的锻炼，其实对自己的课题研究和学习是有很大帮助的。比如和导师在课题上的沟通交流，导师总是夸她比其他学生更加积极主动，而且对实验计划的设计和执行以及时间的规划上也经常得到老师的认可。她认为，做学生干部和学习并不冲突，而是可以相互促进的，可以理解为是对自己提出了更高要求去同时适应学生干部和学生两种身份。她说，作为学生应该尽自己最大努力去做好每一件事，不要怕犯错误，尽力规划好时间，找到适合自己的平衡点去处理学习和工作，渐渐地自己就在不知不觉中做得越来越好。

感悟分享　科研实践与考研、专业与就业

余雅婷就学弟学妹们关心的“科研实践与考研”以及“专业与就业”方面的问题分享了自己的体会。她说：“大学时，我也曾与许多同学一样在面对参与科研实践与今后考研会不会相冲突时而感到困惑，例如，参与科研实践需要投入大量的时间和精力，但如果今后考研方向或专业也许与科研实践的内容不一致，或许未来就业也不一定想从事研发工作，这样会不会对自己准备考研有影响，等等。”她认为，“大学期间很多同学都存在一个误区，认为研究生选择什么方向就一定会做什么方向，但是实际上还是由导师给你的课题所决定的，并且一个课题往往包含着药剂、药理、药分等多学科多领域专业方面的内容，所以现阶段学习的知识都是在为今后打基础。”她始终坚信在科研的道路上没有一段路是白走的，都会给你留下宝贵的经验。因为药学研究本身就是一个大系统，一个新药的上市离不开任何一个药学分支的研究。

在谈到如何就业以及专业在工作中的价值时，余雅婷说：“就业的时候我和大多数人一样都感到很迷茫，但是有一样是肯定的，我要从事和专业相关的工作。所以当时投简历的时候与药学相关的工作我都去尝试了一下，一方面积累面试的经验，一方面在和 HR 交流的过程中可以更加全面地了解不同工作的性质，发展潜

力，发展平台和薪资待遇。另外，我觉得虽然第一份工作很重要，但是也不要焦虑，毕竟在当今的社会即便工作以后也还是有选择的机会，也许工作以后你会更加清楚地知道自己想要什么，适合什么样的岗位。”

目前，余雅婷在医院主要从事临床药师的工作，临床药师主要以做好临床药物治疗为中心，围绕合理用药开展工作要求具备丰富的药学专业知识。随着社会的发展，精准、高效、安全、合理用药的要求越来越高，临床药师的重要性不言而喻。“研究生期间主要进行某个方向上的研究，而与临床一线相关的药学知识主要是在本科期间习得。”所以，余雅婷认为，在本科学习期间一定要认真学习好本专业相关的基础知识。

有志者立长志，希望更多的同学开始大学学习生活后，能早点明确自己的职业规划并坚定理想，锲而不舍地在自己的职业理想中精耕细作、笃行致远。

成长点评

余雅婷是江西中医药大学科研类型优秀学生的典型代表，也是学校“双惟”实践班与“药学摇篮班”共同培养的结果。从余雅婷的成长路径可以看出，只有科研能力与综合素质均衡发展，才能成为能担重任的栋梁之才。

为自己编织腾飞的翅膀

朱柳颖，女，1995 年 8 月出生，江西上饶人，中共党员。江西中医药大学食品质量与安全专业 2019 届本科毕业生，现为南昌大学食品学院营养与食品卫生学专业在读博士。朱柳颖在本科期间 2 次获得国家励志奖学金，连续 3 年获得校级奖学金；2017 年获得博雅生物科技创新创业奖学金；2017 年获评“中国大学生自强之星”；2017 年获得江西省第三届“互联网+”创新创业大赛省级铜奖；2018 年获得浩瀚杯“创青春”江西省创业大赛省赛银奖；读研期间，曾获得江西省省政府奖学金以及创新奖学金各一次，并先后在 SCI 期刊上发表学术论文 3 篇。

“我一直在寻求改变，希望能成为更好的自己。”朱柳颖这样说道。2015 年本科入学，到如今的博士在读，她不断地挑战自我，突破自我，寻找绽放自我的舞台。下面，就让朱柳颖来给我们讲讲她的经历。

在迷茫中寻求改变——“双惟”

回想起 2015 年刚步入大学的自己，朱柳颖用“迷茫”这个词来概括当时的心境。

初入大学，她像大多数新生一样，没有明确的目标与方向，对周围一切陌生的事物又好奇又害怕，渴望能认识更多的人，交更多的朋友，学习更多的知识，直到“双惟”班的出现。

“双惟”班，这是江西中医药大学的特色，同时也是一个表现学生积极向上精神面貌的平台，集结了一群努力、自律和有想法的学生。同时，这也是个半军事化管理的团队，每天早晨 6 时 20 分集合，所有人喊着口号跑步半小时。没有周末，没有小长假，不论寒暑、不避风雨，纵有万般借口，累计迟到或早退 3 次即遭淘汰。这样严格的教育模式并没有让朱柳颖退缩，反而激发了她内心的奋斗欲。于是，她开始挑战自我，第一个学期担任队伍中的组织委员，组织策划每周六的周末活动，邀请大家分享自己最近的读书心得、学习感悟，鼓励想要表现自己却又缺乏勇气和自信心的队友表演节目，为团队营造一个积极向上的氛围。为了得到更大的提升，她在第二个学期参加了班委的竞选，担任了大组委，管理着拥有 20 多个队伍 1000 多人的大团队。在这期间，她甚至还组织策划了一场“双惟”趣味运动会。2016 年，在“双惟”班十周年之际，朱柳颖参与组织了一个合唱团，在十周年的庆典上演出合唱曲目《“双惟”学子之歌》。此外，为了感恩“双惟”，纪念在“双惟”共同度过的点点滴滴，她与几个伙伴合作改词，翻唱歌曲“双惟”版《成都》，并在校园微信公众号上推送。在整个过程中，她付出了很多的时间和精力，也收获了很多。学会了坚持，学会了自我管理，学会了管理团队，学会了更加谨慎地安排处理事务。

“‘双惟’给予我的，是坚持，是自律，更是自信。”她相信有因必有果，今天你所坚持的，可能是一件毫不起眼的小事，但是在未来的某一天，它可能会成为你成功道路上的一笔财富。所以我们得相信，现在所经历的东西，将来多少会与你的成功连接在一块。成功也好，失败也罢，抑或是平庸，一切都取决于自己，只有自己可以改变自己。

在舒适圈中寻求突破——创新创业大赛

当你决定改变的那一刻开始，你就已经赢了。朱柳颖第一次听说大学生创新创业大赛，还是在班级的群通知里。看到药学院需要竞选几名学生组队参加比赛，恰逢她刚退出“双惟”班，每天除了上课和参加一些简单的社团活动外再无其他活动，平淡的校园生活使她逐渐失去了奋斗的动力。此时，心里的一个声音告诉她：“也许我应该尝试另一种挑战，走出舒适圈，才能更好地提升自己。”创新创业大赛的出现，恰逢其时。

初入互联网＋的创业团队，朱柳颖在这里遇到了对她大学生涯影响最大的一个人——时任药学院团委书记的陈老师。那时候，她刚刚进入团队，有幸成为团队的负责人，但是很多东西都是第一次接触，在短时间需要学习这么多未知的事物，朱柳颖的内心难免惶恐不安。然而，从一开始的商业计划书撰写，制作路演 PPT，书写讲稿，练习路演，到最终站上决赛现场的舞台，陈老师在整个过程中始终陪伴整个团队，不断鼓励和支持大家。她记得有一次，由于赛程时间紧迫，整个创业团队需要熬夜修改商业计划书、项目 PPT 以及路演答辩的讲稿，而陈老师在白天处理完繁多的学校事务后，晚上仍然坚持来到团队办公室，陪大家一起奋斗。针对路演答辩的演习，陈老师鼓励大家尝试培养自己的舞台风格，不要被紧张的情绪所裹挟，用自己的独特台风打动评委老师，才更有可能从激烈的决赛阶段杀出重围。在陈老师的耐心指导和陪伴下，团队项目《金匮膳方》在江西省第三届互联网＋创新创业大赛中获得了省赛铜奖的优异成绩。之后继续参加了第四届、第五届创新创业大赛，均取得不错的成绩。

“毕业三年，我仍然十分怀念江中医的美丽校园，怀念与大家一起奋斗的时光。”再度回首这段奋斗时光，朱柳颖最大的体会是：积极参与这类大型校园竞赛，不仅能收获一些荣誉称号，更重要的是增强了自身的组织领导能力、团队内部协调沟通能力、临场的应变能力以及抗压能力等，这些能力无论是在以后的工作还是生活中，都是莫大的财富。更重要的是还遇到了一群志同道合，愿意为了同一个目标而奋斗的朋友。

在绝望中寻求重生——考研

2018 年的 10 月，获得学校保研资格的朱柳颖还沉浸在对未来研究生生活的无限憧憬中，命运好似跟她开了个玩笑，由于自己粗心等原因导致其保研名额作废。然而，朱柳颖并不打算放弃自己读研的梦想，在经历了几天的情绪低迷后，她整理好心情，重新出发，此时距离考研还剩 50 天。要在如此短的时间内备考，无疑是一个严峻考验。经过深思熟虑，她最终选择报考南昌大学的营养与食品卫生专业。因为该专业当时的考试内容中不包含高等数学，且备考内容多为记忆内容，具有一定的可执行性。目标已经设定好了，接下来就是执行了。

在那段争分夺秒的日子里，朱柳颖每天六点起床，天还没完全亮，匆匆洗漱完就一路小跑到自习室开启一天的学习生活。在整个复习过程中，前期主要是根据考试大纲整理相关的知识点，接下来就是通过反复的背诵来强化记忆。早上背一遍，晚上背一遍，等晚上回到寝室时，往往已是深夜十一点，她睡前躺在床上的时候还会再回忆一些知识点，然后才会沉沉地睡去。

终于，在 2019 年 2 月，考研成绩公布，初试成绩 384 分，看到电脑屏幕上的数字，朱柳颖一直以来压抑在内心的情绪一下子就得到了释放——自己终于成功了！

不忘初心，再接再厉。2019 年 9 月，朱柳颖进入了南昌大学，成为一名营养与食品卫生专业的研究生。2021 年 9 月，她成功通过南昌大学硕博连读申请考试，成为一名博士生。

成长点评

习近平总书记勉励广大青年："要充分发挥青年的创造精神，勇于开拓实践，勇于探索真理。"很多刚步入大学校园的新同学，不免都要经历一段迷茫的时光，想要改变现状，却不知从哪里开始。那么不妨从加入"双惟"班开始，在"双惟"的活动中逐渐培养自律的习惯，找到志同道合的朋友和明确自己努力的方向。业精于勤荒于嬉，行成于思毁于随。朱柳颖成功的背后离不开她的合理规划和自身的踏实努力。广大青年学生，要心怀梦想、刻苦学习、注重实践、勤于探索，为未来做好准备，在自己热爱的领域闪闪发光。

坚守选调初心，扎根基层沃土

张小玲，女，1995 年 3 月出生，江西赣州信丰县人，中共党员，江西中医药大学食品质量与安全专业 2020 届本科毕业生，现为山东省烟台市芝罘区市场监督管理局一级行政执法员。在校期间 3 次获得校级奖学金；2018、2019 年连续两年参加暑期“三下乡”社会实践活动，获得“先进个人”称号；2019 年获得江西中医药大学 2018—2019 年度“优秀共青团干”荣誉称号；2018 年获得江西中医药大学学生会工作“宣传骨干”荣誉称号。

“基层工作的两年，帮助我扣好了人生中的第一粒扣子。”选调生，是一个起步基层、服务基层、扎根基层的强有力战斗群体，入职以来，张小玲在基层岗位上历练自我，围绕基层党建、乡村振兴等重点工作，做到“抓党建、重实践、守初心”，在为民服务中蜕变成长。

不失时机　行稳致远

民以食为天。本着助力维护食品安全的最初愿景，张小玲选择了食品质量与安全这个专业，期许能和“吃”继续打交道，这时的她还没想到自己能去基层这片天地。但人生的选择一个又一个，伴着机缘巧遇堆叠起来，带着她走向这片充满成长机遇的沃土。

“当时药学院学生会的指导老师陈老师，既是为我授业解惑的恩师益友，也是我成长的引路人和见证者。也是因为她，我才有机会在大学期间接触基层扶贫工作，打开到基层工作的这扇门。”

2018 年的暑假，张小玲参加学校组织的暑期“三下乡”活动，跟随志愿服务队前往学校定点帮扶的贫困村——萍乡市湘东区东桥镇中院村，走访、义诊、中医药文化科普、文艺展演……在开展各项活动的同时，她认识了当时的扶贫干部刘书记。在了解中院村脱贫故事的过程中，她在刘书记身上看见了共产党员对“群众利益无小事”的坚定担当、有所作为，这更坚定了她想成为一名共产党员的决心和对基层工作的向往。

2019 年的暑假，她再次参加暑期“三下乡”活动，其中有一项是江西省“青年红色筑梦之旅”上饶横峰站“大有葛为”项目展示的志愿服务活动，在志愿活动中她了解到当地葛产业的逐步发展，见识到新时代乡村振兴的新发展新面貌，也下定了去基层就业的决心。

选调初心　昂扬前行

种子萌芽，破土而出。2020 年张小玲考取了烟台市芝罘区市场监督管理局的选调生。同年 8 月正式上岗，成为了一名基层工作者。自那时起，听民意、解民忧，急群众所急，想群众所想，这些对她而言都不再是空口号，而是了解居民实际问题时的细细聆听，是在居民因难题前来求助时的耐心帮助，是将新政策普及到每一户时的耐心坚持，是朝阳未升和灯火通明时的值守山林。

作为初入基层的选调生，入户走访少不了，矛盾难题躲不了。张小玲调侃道：“第一次跟村民聊天时，我竟然显得扭捏，因为听不懂方言，我连蒙带猜地去理解他们说的是什么意思，实在听不懂的时候，只能求助旁边的大哥，落单的时候便只能笑一笑缓解尴尬。”第一年的国情调研和第二年的专题调研，村情村况、绿化产业、居民人均家庭收入支出、集体经济如何发展等专项问题专门研究，全村的长处难处，不走不知道；棚改征迁项目迟迟不能推进、村改社区换届，需召开居民代表大会和全村户代表大会，每家每户的走访召集需到位；新政策施行、反诈信息、安全用火用电用煤的各项宣传，在老年人居多的村庄里，只有走到位，才能真有用。

作为社区党支部书记助理，基础工作要到位，重点工作要抓牢。社区党群服务中心的建设要务实创新真办事，每天都在进行的组织关系转接、档案审查和各种通知报表的制作，都要仔细而认真；每月一次的“三会一课”和党费交纳严肃而有教育意义；每年一次的发展党员和民主评议党员更是不能有丝毫马虎。此外还有走访老党员，听他们讲述当年事迹时的万分敬意，给党龄满 50 周年的老党员送“光荣在党 50 年”纪念章时的与有荣焉。匆匆忙忙，党建工作严肃而充实，张小玲在筑牢工作能力之基的同时，也在补足信念精神之“钙”。

作为社区工作人员里面少有的年轻人，张小玲公文软件使用不在话下，急难任务奋勇争先。出于宣传工作的需要，从不刷视频的张小玲学会了制作视频；原来只会用电脑敲字，现在各种文档格式熟练于心；平时的防火宣传不落下，每年的清明、

五一、寒衣节等时间节点的上山防火更是不容有失，24 小时值守工作确保山上不冒一缕烟。

踔厉奋发　笃行不怠

从大学生到基层工作中的“小学生”，俯下身子沉下心，张小玲感受到自己在基层工作中的角色转变；从“水土不服”到“如鱼得水”，不因地域不熟而故步自封，在学好群众语言上下功夫，她收获了与群众相处的进步；从茫然无措到得心应手，不因事难而退缩推诿，在学习业务知识上练就本领，她收获了基层工作中解难处事的进步。“基层工作者是向下扎根，向上成长，两年的基层锻炼让我明白，只有做矢志奋斗的行动者，才能获得担当作为的成长。”

张小玲希望学弟学妹们在校期间积攒够逢山敢于开路、逆水行舟的本领。在学有所成之时，希望也有人和她一样，选择基层、服务基层、扎根基层，吃百家饭、尝百家乐，也识百家苦，在基层这个大熔炉中锤炼自我，不驰于空想，不骛于虚声，深入群众，以实干作风，不负青春年华。

成长点评

习近平总书记在中国人民大学考察时的讲话中说：“从二〇二二年到二〇三五年，现在的青年正处于学习和成长的黄金时期，从二〇三五年再到本世纪中叶，你们年富力强，将在各行各业、各个领域、各条战线担当重任。”

选调生在基层担当作为，需要做到求真务实、埋头苦干、拜群众为师，千方百计为群众解决急难愁盼问题。有志于在基层工作的在校大学生，应当坚定理想信念、加强道德修养、提高干事本领，在工作奉献中收获成长。

第3篇

非医药类专业校友篇

守正笃实，行稳致远

邱中勋，男，1988 年 9 月出生，江西赣州人，中共党员。江西中医药大学 2009 届药学院药物制剂专业校友，2021 年清华大学五道口金融学院硕士研究生毕业。药兜网创始人兼董事长，担任中国食品药品企业质量安全促进会副会长、北京赣州企业商会监事长，先后获得 2021 年度健康新势力十大领军人物、中国财经峰会 2021 杰出数字先锋人物等诸多荣誉。2016 年创办药兜网，该网站是国内领先的医药电商平台，开创了中国医药 S2B2C（S 指大供货商，B 指渠道商，C 指顾客，即打造一个平台，把这几个角色整合起来形成一个交易平台）数字化医药营销业务模式，目前数字化分销业务规模国内领先，全国终端用户覆盖率超过 30%。药兜网所属的北京星汉博纳医学科技有限公司是国内医药电商领域资质最全的企业之一，是国内首家跨境医药零售三方仓储试点企业，获得年度行业领军品牌、年度最佳医药三方服务商、北京市专精特新“小巨人”企业、最具投资价值企业、国家高新技术企业等殊荣。

不积跬步无以至千里

树木需根深方能叶茂，人生需厚积方能薄发。从一名来自农村的小伙，到如今药兜网创始人兼董事长，邱中勋前行的每一步，都生动诠释着厚积薄发、行稳致远的人生要义。

和很多同学一样，刚离开家来到陌生城市学习的邱中勋既感到迷茫又觉得新奇，一方面他立志要通过自己的努力有所作为，改变家中的境况，另一方面却也不可避免地对充满不确定性的未来感到迷茫和困惑。但珍惜时间、善于学习、乐于行动的邱中勋不会将自己的精力过多地消耗在迷茫中，在认真学习专业知识的同时，邱中勋发现大学学习与初高中学习不同。与时刻被老师、家长耳提面命地要求全心全意投入学习、备战考试的初高中不一样，大学的学习生活自由了很多。这份自由，在有些同学眼中是可以挥霍的青春时光，但在邱中勋眼中，则是可以发掘提升更多兴趣爱好、储备更多知识技能的大好机会，同时也能在这份自由中学会自律。

出于对文学的兴趣，邱中勋选择了加入江中医学生记者团和杏林文学社。在记者团，他每周参与部门例会，讨论采访主题，跟随采访小组到学校各大活动现场，以及其他兄弟院校进行采访。他为了筹办社团活动到湾里商店和南昌工厂拉赞助，还统筹记者团和文学社社报的选稿、写稿、审稿工作。在杏林文学社和大家一起外出采风，赶去印刷厂校对社报内容，想办法筹集社报的印刷费用等。这些日子在当时觉得奔波辛苦，如今却是邱中勋难以忘怀的大学时光。他记得在热情友善的社团前辈的带领下，自己对每一次讨论和活动越来越投入；他记得自己不断克服自身交际障碍，采访了很多陌生人包括一些有成就的人物，这些体验和收获增强了邱中勋的自信，点亮了他的大学时光，提高了他的活动策划能力、人际交往能力、总结思考能力，更是成为他在之后就业创业过程中的储备技能。

谈起大学的意义时，邱中勋认为："我眼中的大学更像是进入社会这个大课堂前的一个预科班。社会课堂除了需要文化知识的积淀，更需要掌握各种实践、社交等技能，而大学是让我们可以在一个相对自由和安全的环境下提前锻炼和储备这些技能的绝佳平台。我希望学弟学妹们一定要抓住这样绝佳的人生学习和锻炼机会，莫负时光莫负己。"

这份踏实肯干、沉稳担当的品质，让邱中勋的大学生涯收获满满，也帮助他在迈入职场后迅速站稳了脚跟。"初入职场的那段日子其实很艰难。第一天上班就碰到很多事情颠覆了自己以往的认知，会遇到很多不公平的事情和工作安排，我们也不会像小说里的主人公那样幸运。"但他却如励志小说中的主人公那样，没有怨天尤人，而是坚信努力付出必有回报。于是没有人愿意干的活他去干，多安排的工作他坦然接受，没有人指导他就自己主动向前辈请教。在这些过程中，他看似是个吃亏的"傻瓜"，却拥有了快速掌握工作中各类知识和技能的机会，也因为自己真诚实在、任劳任怨的品质，逐渐收获了前辈和客户的认可及帮助，这些都为他之后的自主创业打下了扎实的基础。"我们不是小说里的主人公，但一样可以用自己的努力和实力，写就自己精彩的人生篇章。"

目标和行动一样重要

人生是一条没有回头路的单行道，确立正确的目标可以降低自己走弯路的概率。谈起自己人生每一步关键的选择，邱中勋提到的第一点就是"分析自己、明确目标"。

在大学初期，邱中勋就开始思考自己的就业方向。"我在大一的时候就经常和学长、学姐们一起交流，问他们毕业后的计划，会听到他们感慨大学时光的匆匆流逝。所以我比较早就开始了自己的就业规划。如果自己善于专业学习，那肯定要继续读研，争取考上更好的学校去从事科研工作，如果善于交际，就可以选择做销售，积累社会实践经验更加重要。我当时分析了自己的优劣势后，觉得自己科研肯定不行，便打定主意要做好医药销售，于是我逼着自己参加了很多社团活动和社会实践，为之后参加工作打下基础。”正是因为这份早早的谋划和准备，邱中勋在毕业求职时没有经历任何波折，在参加双选会时便迅速找到了心仪的公司，开启了人生的新征程。

工作几年后，邱中勋作出了自主创业的决定。这是一个更具风险和挑战的决定，也是邱中勋早已设定好的人生目标。“就跟拔河需要把劲往一处使一样，确立一个明确的职业发展目标，会帮助自己把时间、精力都更好地向实现这个目标集中，所以我建议大家在步入职场后，可以制订1～3年和5～10年的职场计划。我当时确定去做医药销售后，就给自己设立了从基层销售逐步走向管理和领导岗位，最后自主创业的进阶计划，我也确实是按照这个计划走过来的。”

明确了前进的方向，但能否顺利到达目的地，还需要考验行动力和耐力。从读书到就业再到创业，从当初的学生到如今的公司负责人，邱中勋一直未停止做的一件事就是学习。“我在学校时读的是药学专业，创业早期对网络和互联网也都是无知的状态。当时正处于互联网＋医药的风口期，如果我不能跟上节奏，立马就会被淘汰出局。所以我大概花了一年的时间，研究了所有同类型网站和网络运营方面的知识，再结合自己的创业目标进行设计和运营，才有了今天的药兜网。”今天的邱中勋已是药兜网董事长，但他仍坚持每周学习，并打算去美国耶鲁大学继续深造。“学习不仅能提升人的眼界和认知，更能使人保持一种包容和开放的心态。海纳百川，有容乃大。这种开放包容的心态会帮助我们更好地与时代相融合，发现人生的机遇，收获成功的喜悦。”

坚持初心　不忘理想

回顾自己一路走来的人生经历和事业成就，在被问及给学弟学妹的人生建议时，邱中勋语重心长地说：“最重要的是要坚持初心，不要忘了理想。初心和理想对于很多人而言是虚无缥缈的词，但如果我们真正拥有这两样东西，它们就是我们内在的精气神，能让我们的事业和人生更有生命力。这种生命力能帮助我们更好地走过起伏的人生，激发生命的潜能，成就更广阔的人生。”

成立自己的公司，这是邱中勋的一个人生目标，而这个目标背后有一份始终坚持的初心，就是让普通老百姓可以更方便地买到更便宜的药。“我在做医药销售的时候主要对接的是药企和医疗机构，发现很多药到普通老百姓手中前经过层层渠道，价格层层加码，所以我就想借助互联网＋医药的潮流，为百姓搭建一个可以更加自主、便捷、低价购药的医药电商平台。”虽然互联网＋医药在当时处于风口期，但真正踏入其中开始创业后，各种未曾设想的难题与压力还是接踵而至。“创业初期很难，我们在一个小区里面租了个小房子办公，只有两三个员工，所有事情都要自己做，每天要满市场跑客户，一天开车大概要跑 200 多公里。有段时间账户金额是 0，只能每月借钱给员工发工资。”在这样的艰难时刻，最初的梦想成了托底的力量。“我一直告诉自己，这是在做一件有利于大众的事，所以我不能放弃。而且再苦再难，心里始终有一份责任感和使命感在支撑着我。”

这份责任感和使命感支撑着邱中勋走过了艰难的创业初期，最终让他的事业取得了超乎预期的成就。“和我们一起创业的一些朋友，在熬过了艰辛的创业初期，好不容易站稳脚跟后，会选择立马把企业卖了变现。这样做看似手头有了大笔资金，但想用这些钱再开创一番事业，或者支撑自己长久富足的生活，都是很难的。所以我认为人生的追求，不能仅停留在对金钱名利的追求，而要不断追求自我的进步和成长，把自我的成长和人生的发展结合起来，把个人的目标与社会的需求结合起来，才能进无止境。”

如今，邱中勋给公司设立的短期目标是上市，长期目标是要将公司经营成一个令人尊敬的好公司。他给自己设立的短期目标是在多陪伴家人的同时完成在耶鲁大学的深造，长期目标是在经营好企业的同时，去帮助更多有梦想的人。既志存高远又脚踏实地，既重视个人提升又兼顾社会责任，邱中勋在行稳致远中绘制了一幅又一幅超乎预期的人生美景。

成长点评

“谋定而后动”这一理念贯穿校友邱中勋从读书到就业再到创业的全过程。读书期间，在分析自己的专业和个体优势基础上，邱中勋确定了毕业后做医药营销的目标，并为此积极努力，不断提升自己的执行能力、学习能力和沟通能力等，从而顺利实现就业。步入职场后，他设立了从基层销售走向领导岗位，最后自主创业的进阶计划。几年职场的历练进一步提升了他的领导能力、创造能力和沟通能力，也让他找到了互联网＋医药的创业路径，创造一个属于自己的上市公司，为百姓搭建一个更加自主、便捷、低价的医药电商平台。邱中勋将个人的目标与百姓的需求相结合，在不断学习和服务社会中创造着自己的人生价值。

坚守理想，践行初心

邓汝斌，女，1991年2月出生，广西武宣人。江西中医药大学2014届音乐治疗专业毕业生。现就职于赣州市第三人民医院，中级心理治疗师，兼任团委副书记和康复医学教研室教研秘书。获得2019年医院医德医风演讲比赛一等奖，2019年市卫健委诗歌颂祖国团体三等奖，2019年、2020年年度优秀工作者称号，2021年年度宣传工作最佳才艺奖，2021年年度优秀团干部称号等多项奖项和荣誉。2021年入选江西省医务社会工作讲师团。

怀揣梦想　笃志前行

邓汝斌是一位普通女孩，没有显赫富裕的家庭背景，没有过人的天赋，和大多数女孩子一样，有的只是对未来美好生活的无限憧憬。她说："母亲小时候因为兄弟姐妹比较多，很早就辍学在家，所以她非常重视对我们的教育，在这方面从不吝啬。"也因为母亲坚毅的品格，给邓汝斌树立了榜样，邓汝斌遇事总能勇敢面对，从不埋怨。

邓汝斌选择音乐治疗专业，是受当时伯父的一位朋友影响。这位长辈认为江西中医药大学的音乐治疗专业是一个新兴的专业，未来会有非常好的发展前景。经过上网搜索了解，邓汝斌也对这个专业产生了兴趣。但作为一名艺考生，她的成绩并不算优异，在激烈的竞争下她对自己能否顺利考取江西中医药大学根本没有把握，可是内心对音乐治疗专业的期待让她在填报志愿的时候毅然地放弃了更有把握的院校。怀揣着对未来美好生活的期待，抱着哪怕落榜复读也一定要考取这个专业的决心，邓汝斌坚定地选择了江西中医药大学音乐治疗专业。高考一结束，她便想着外出打工赚取复读的学费。有句话说："如果你知道去哪，全世界都会为你让路。"意志坚定、目标明确的邓汝斌得到了上天的眷顾，如愿来到了梦寐以求的江中医，开启了大学生活。

不畏现实　破茧成蝶

大学生活对很多人而言意味着开启了更加自由畅快的新生活，而刚踏入大学的邓汝斌家庭突遭变故，经济压力成为她大学期间需要面对的难题。为了减轻家庭的经济负担，从一年级起她便开始了半工半读的大学生活。除了在学校勤工助学，她还做了很多校外兼职，比如到餐馆当服务员，做家教、钢琴老师等。因此她的大学生活几乎都围绕着“课程学习”和“兼职打工”两个点展开。由于学校离市区比较远，当家教和钢琴老师的机会是比较少的，大多数时候邓汝斌只能找到做服务员的兼职，且做服务员的工资非常低。当时外出交通并不方便，兼职地点又比较远，有时工作时间加上骑车往返将近7个小时，一天下来人非常疲惫。尽管如此她依然能尽量兼顾学习，在学业上虽没有出色的成绩，但也绝不会让自己掉队。现在回想起那段日子，邓汝斌说那段时间生活的压力逼得自己比身边同学更早接触社会，更多地积累了一些社会经验，也让自己收获了更强的抗压能力，但如果能够重新选择，自己会适当减少校外兼职，以便有更多的时间参加学校和班级活动，学习更多的专业知识，让自己的大学生活更加丰富多彩。

可能是忙于学习和兼职打工的原因，她明显感受到自己逐渐脱离了班级，跟同学们的关系也日渐疏远。有一次无意中听到同学议论自己不合群，她非常伤心，一个人坐在镜湖畔沉思了许久。认识到问题后，她减少了兼职打工的时间，在大三下学期，还参与了班长竞选。在竞选发言时，她诚恳地向大家表达，在快步入毕业期的时候再竞选班长，只希望能更好地融入集体，用自己之前累积的一些经验更好地为大家服务，并给出了自己为班级设计的发展规划方案。出乎她的意料，那次竞选她获得了很高的票数。那一刻她内心非常感动，因为她意识到同学们对自己还是认可和信任的。这份经历也让她明白，人生路上不应该只有自己一个人埋头前进，与人互助共进比一个人前行幸福得多。

践行初心　明确理想

对于专业的学习，她认为有持续的热情和终身学习的精神是非常重要的。带着对音乐治疗专业的热爱，她自学了一些心理学和医学基础知识，这对于目前的职业有着非常深远的影响。说到这里，她鼓励青年学生一定要珍惜大学时光，多读书学习，因为工作之后你会发现“书到用时方恨少”。谈到她是如何在大学制订自己的职业规划时，她说：“我觉得青春期迷茫是非常常见的，自己和身边的朋友都有过这样的彷徨。当时自己一直忙于学习和兼职打工，也没有非常明晰的规划，但有一点比较确定，就是踏踏实实做好当下的事。”

大学期间在跟老师的相处中，她感受到非常多的温暖。在一次暑期社会实践志愿服务中，她参加了桂伟老师的“心灵乐梦团”项目，去了一个乡村小学，为学生们普及音乐知识，带着学生们一起做游戏，和学生们一起沉浸在音乐和欢声笑语中，她感受到学生们对音乐的喜爱。在音乐的感染下孩子们脸上洋溢着幸福的笑容，这让她找到了自己的价值，也更坚定了自己未来的职业道路。

本科毕业后，由于家庭经济条件不允许自己继续求学，邓汝斌选择了直接就业。又因为爱情，她放弃了北上广的高薪职位，选择去赣州工作。对于音乐治疗专业来说，当时赣州并没有对口的工作，邓汝斌便选择在琴行暂时做钢琴老师。但因为一次遭遇，她备受打击，继而选择了辞职。邓汝斌回忆说，琴行老板让她跟客户说自己是江西师范大学毕业的，原因竟是一个医学院毕业的钢琴老师，家长不认可。当时她很委屈地哭了很久，因为她自己引以为傲的专业竟然被歧视了。“山重水复疑无路，柳暗花明又一村。”辞职后，恰好碰到赣州市第三人民医院招音乐治疗师，带着惊喜与期待，邓汝斌选择前去应聘。她再一次被命运眷顾，被成功录取。从此，她便在这个领域深耕，通过努力又考取了二级心理咨询师、中级心理治疗师和中级社会工作师证书，真正开始了自己的职业生涯。

重整旗鼓　继续深造

邓汝斌对自己生活和工作的总结是“生活上很知足；工作上知不足；学习上不知足”。她说自己目前的主要工作是带团体做音乐治疗、心理辅导，还有协助管理实习、见习转岗规培的学生，然后就是团委工作的一些事务。谈到工作中最大的困难时，她很平静地说：“要坚持学习，除了音乐治疗知识外，还要学习很多医学和心理学的知识，以应对各种精神疾病患者，识别他们的症状，为他们制订更适合的治疗方案。帮助更多患者，让他们更好地回归社会，回归家庭。学习虽然很辛苦，但也是很幸福的，活到老、学到老嘛！学到的知识总会用得上的。”

在领导和同事眼中，邓汝斌是一位非常努力的员工；在患者眼里，她是一位很温暖、笑容很有治愈力的女孩。因为工作上的努力与进取，她得到了很多外出学习进修的机会。在一次去北京回龙观的进修学习中，受到康复科音乐治疗师尹誉霏老师的影响，她决定继续读研深造。在一次和母校刘燕教授的沟通交流中，邓汝斌得知江西中医药大学开设了应用心理学（音乐治疗方向）的研究生专业，她决定攻读该专业硕士学位。边工作、边复习，2022 年邓汝斌通过了考试。她笑着自嘲说：“这次回去就不打工挣钱了，要好好学习，争取成为一名优秀的音乐治疗师，用自己的微薄之力扩大音乐治疗专业在医疗系统内的影响力。”

多年的工作经历让邓汝斌更坚定了自己的选择，她深知音乐治疗是一门新兴的学科，需要带着极大的热情去开拓创新，才能够在未来开花结果。随着国家对民众心理健康的重视，各医疗机构，包括教育界，都在逐渐开始重视心理健康和音乐治疗。看着所学专业有越来越好的发展前景，她觉得非常开心，也非常有成就感。

成长点评

人生只有一次，去做自己喜欢的事。校友邓汝斌正是如此，从选择音乐治疗这个专业开始，就一直喜欢、热爱并努力学好它，无论生活有多艰辛，她始终坚持朝着成为一名音乐治疗师的目标努力。越努力越幸运，她的努力让她如愿开启了音乐治疗师的职业生涯，她的努力也将会带着她朝更高的平台、更远的人生目标迈进。

路，在人生主动前行的每一步

于帅，男，1992 年 10 月出生，黑龙江鸡西人。江西中医药大学 2013 级计算机学院计算机科学与技术专业校友。2017 年至今一直从事网络安全相关工作，是业界应急响应专家、流量分析专家、情报分析专家、高级可持续威胁狩猎专家。现为科来网络安全研究中心负责人，主要从事网络流量与恶意文件分析、威胁检测与攻防对抗、高级可持续威胁狩猎等研究。具有丰富的网络安全经验，多次参与国家级重大会议网络安保工作。

越是迷茫越要积极探索

在来到江西中医药大学开始自己的大学生活前，于帅是个一直生活在黑龙江鸡西，从未出过远门的人。“当时报志愿时，我只想选一个离家远的地方。而且我喜欢中医，也对计算机感兴趣，所以最后选择了江西中医药大学的计算机专业。”

和于帅一样，对大多数同学而言，大学生活是他们心之所向，代表着远方与自由的梦想。可当真正走进大学校门，梦想照进现实时，如何将曾经的梦想安放于现实，却令很多人感到迷茫。于帅说：“刚进大学时我也有过迷茫，但我知道一味去想怎么破除迷茫是没有用的，路是要在行动中摸索的。”

于帅迅速投入大学生活中，积极探索开拓属于自己的大学之路。大一社团招新时，他加入了不少社团。“因为不知道自己到底适合什么社团，所以一开始我参加的社团比较多。但经过一段时间的了解，结合自己的兴趣和需求，我只留在了记者团、精诚工作室和轮滑社。”参加这些社团从来不是为了第二课堂学分。轮滑是自己的爱好，精诚工作室的活动和自己的专业相关，记者团事情最多最辛苦，得到的锻炼也最大。

回忆起在记者团的经历，于帅说：“我并不是一个擅于人际交往的人，所以来到大学，我特别希望自己能有所突破。当时记者团的工作之一是给老师和学生发校报，我们要敲开行政楼老师办公室和宿舍楼学生寝室的门，主动地去和他们打招呼。一开始这对我来说是个巨大的挑战，但越是如此，我越要逼自己一把。一个学期结束后，我对于主动社交已经不再恐惧。之后在校运会上采访运动员，让我学会了如何在最短的时间内提出最关键的问题，并得到答案，这对我的能力是个进阶锻炼。”

除了能力的提升，对于社团资源的充分利用，也进一步开拓了于帅的思维和视野。“学校常常会以社团为依托承办一些论坛或会议，邀请一些业内专家来作讲座，这时我都会积极报名做工作人员。这些优秀的人分享他们的见识和观点，常常会给予我很大的启发。”

于帅积极学习、主动学习的精神并不仅限于社团活动，他明白在大学最重要的一件事依然是学好专业知识。他深知计算机行业更新换代特别迅速，需要从业人员及时掌握新资讯、新技术，于是在完成课堂学习任务后，于帅还积极寻找能对他进行提升训练的老师。他听说网络中心的李俊峰老师在科研实践方面比较厉害，便毫不犹豫地主动敲响了李老师办公室的门。面对突然出现在自己面前的这个素不相识的学生，李老师刚开始觉得有点奇怪，但很快在交谈中感受到了于帅学习的热情和决心，也欣然答应了于帅的请求。在接下来的大学学习中，于帅不仅跟着李老师积极参与各类科研实践和比赛，还带领了一批学弟学妹一起学习、组建团队，并斩获荣誉，不仅在自己的大学生涯中留下了优异的成绩和精彩的回忆，也为自己之后的求职、工作储备了满满的实力。

“面霸”是怎样炼成的

当大学毕业需要找工作时，于帅又和当年填高考志愿一样，作出了“叛逆”之举。他没有听从父母和老师的安排，而是选择了当时还非常小众的网络安全领域。作出这个选择并非任性，除了自己有兴趣外，于帅也搜索了各类资讯，发现这虽然是一块新兴领域，但它与国家的需求相关，是一个非常有潜力的领域。要踏入这样一个新兴领域，自己的知识储备还不足，之前学习的专业知识只是皮毛。于是于帅独自一人来到北京，参加了北京一家培训机构的集训。

在于帅的回忆里，这段集训就是魔鬼训练。学校里差不多一个学期讲的知识，在这里 4 天就讲完了，之后立马安排大家写代码，进行实操。每天的学习时间是早上 8 点到晚上 10 点，每周、每月都有密集的考核。但也正是这段魔鬼训练，进一步锻炼了于帅的学习能力，也快速补齐了于帅在专业知识方面的短板。当实力和态度兼具时，找到心仪的工作也就成了水到渠成的事了。

在北京集训的后期，于帅便已收到了几份录用信，之后为了测试自己的能力，他也报名参加过一些公司的面试，其中不乏腾讯、360、安天等业内龙头企业。每次面试于帅都会面对来自名校的竞争对手，也都会被面试官惊讶地问一句："你是毕业于中医药院校的？你们学校还有计算机专业？"但每次面试结束，于帅都能成为拿到录用信的那个人。

如今的于帅早已有了自己的团队，成为一名团队管理者，也作为面试官参与过不少面试。结合曾经被面试的经历，和如今身为面试官的经验，关于如何更好地准备面试，于帅提出了自己的一些建议：一是一定要自信。面试时有些考官会故意设置压力问题，以考验面试者的心态，此时不要自己吓自己，自己先露怯。二是要在面试前对自己的优势和劣势有清楚的认识，先梳理好自己的技能树，同时对应聘公司的业务内容、招聘岗位的工作内容和需求等有前期的了解分析，再将自己的优劣势摆进公司和岗位的需求中去分析，进而找出自己的价值所在，并在面试过程中重点呈现。三是面试时都会有一些与岗位和专业相关的固定问题，这些问题可以自己先做准备。在回答专业问题时，要尽可能展示出专业深度。

做人和做事一样重要

新的人生阶段总会带来新的挑战和新的成长。工作带给于帅的第一个感受就是再也没有人会像老师在学校时一样手把手带领着他学习了。入职第一周，带教的前辈塞给于帅一堆视频，让他看着视频自学；第二周，于帅自己偷偷去蹭了公司给客户上的课；第三周，于帅便被派去一个人与客户接洽处理问题。"当客户抱着一个我从来没见过的黑盒子向我走来时，我整个人是蒙的。但光蒙着可不行，没人会体谅你是不是个新人，你只能自己积极与客户沟通，和公司联系，尽快完成工作。"

此后，为了让自己更好地进入工作状态，于帅的包里多了个记录本，里面记录着他每天去了什么地方，见了哪些客户，处理了哪些问题，学到了哪些新的方法，还有哪些问题是尚未解决的，这些问题又该去找谁咨询处理。凭着这本随身笔记，于帅处处学习、时时总结，很快完成了从职场新人到团队骨干的转变。

无论是什么类型的工作，与人打交道都是其中重要的一环。"当时我的记录本里记录了每天见了谁，这样做的目的之一就是帮助自己快速记住客户的名字。我一直记得一句话：'记住别人的名字是一种礼貌，让别人记住你的名字是一种能力。'我希望通过快速记住对方名字的行为，让人感受到我的礼貌和对他的尊重。"

于帅说。

有些成长是需要在挫折中收获的。于帅始终记得自己第一次被客户批评的经历。那天他需要在早上先后处理两个客户公司的问题，但因为第一个客户公司的工作人员在工作衔接上出了问题，导致于帅晚了半小时才赶到第二个客户公司。因为需要处理的都是紧急的问题，所以在赶往第二个公司的路上，于帅便接到了该公司中层领导的质问电话。“虽然造成这次迟到的主因不在我，但在被对方指责时，我也完全没有辩解分毫。我做的第一件事是先承认自己的错误，让对方发泄完自己的情绪。等对方情绪比较稳定后，我再主动分析在这次失误中自己存在的问题。一方面这能帮助自己及时认清问题所在，另一方面也能让对方感受到我的诚意，以便最大程度减少失误带来的损害。”

你的生命能量超乎你的想象

2017 年进入公司，2018 年开始带团队，从公司的一线技术工程师，到二线技术研究人员，再到三线产品设计人员，5 年的时间，于帅历经了公司各类岗位的锻炼，如今他已成为公司的核心骨干成员。但他对自我的要求，对学习的追求从未止步。

在被问及想对学弟学妹们提供哪些参考建议时，于帅再三重复的一句话就是：多读书真的很重要，一定要趁能多读书的时候好好读书，尽可能地提升自己。“为什么现在会成为‘内卷’时代，就是因为竞争太激烈了。对大部分人而言，学习仍是提升自己竞争力的唯一办法，而且学习一定不能局限地学。现在的我虽然从事的是科技行业的工作，但有空的时候我会去读一些哲学、历史、社会心理学的书，它们会帮助我站在人类发展历史进程、连通文化脉络的高度去更好地思考科技的来处与归处；掌握一些社会心理学的知识，也对我做好团队管理工作以及与客户沟通大有帮助。”

除了重视学习外，于帅强调的另一个关键点就是生命力。“我一直是个不服输、不怕难的人。读书的时候老师告诉我这个项目做不了了，我不会像其他人那样立马放弃，我会不停地追问为什么做不了，问题出在哪，这些问题我们能否想办法解决。因为这样不服输的探索，我收到过很多次意外之喜。每个人在生活中都会遇见各种各样的难题和压力，但我一直记得一句话：‘鸡蛋从外面敲破是食物，从内部打破是生命。’生而为人，何不化压力为动力，将自己独一无二的生命由内而外地绽放一场！”

正如一滴水的价值要融入大海才能实现一样，于帅也建议大家要将个体价值与社会价值相结合，在此基础上确立自己的短期目标和长期规划。“很多人对学习和工作提不起兴趣，内心只有迷茫，是因为他们没有找到做一件事的意义。我的工作看似是每天和冰冷的代码打交道，但在工作中我越来越深刻地感受到，在这样一个信息化时代，网络就是一个波谲云诡的战场，我们所做的工作就是尽力守护国家的网络国土不被窃取、不失守。当接到紧急任务时，虽然需要不眠不休，但我们会更加斗志昂扬。当一个人带着情怀工作时，他就不再是苦闷的‘社畜’，他会是一个快乐的创造者。”

在前进的路上，于帅一直锻炼着自己“两条腿”走路的能力。他一方面以积极主动的学习精神，不断储备各类知识、技能等外在能力；另一方面，他也非常重视情怀等这些内在能量所激发的生命潜力和独一无二的创造力。他一方面重视做事的品质，另一方面也重视做人的品行。正是这样脚踏实地、不偏不倚地矢志前行，这个在读大学前从未见过远方风景的男孩，慢慢走出了一条一路生花、未来可期的宽广大道。

成长点评

将学习贯穿职业道路的全过程，充分展示自己的生命力、创造力，这是校友于帅一路走来的最深感悟。“惟学、惟人、求强、求精”的校训引领江中医学子培养良好的学习能力和职业意识。大学期间，他坚持向书本学、在课堂学、找老师学、在社团学，不断储备专业知识和技能。毕业求职时，他选择了自己感兴趣但当时非常小众的网络安全领域，自主参加了一家机构的魔鬼集训，并顺利就业。5 年间，学习从未止步，从公司的普通职员到核心骨干，于帅历经了各类岗位的锻炼，不服输、不怕难，全力守护国家网络安全，用情怀活出最绽放的青春。

让青春之花绽放在援疆路上

赵东山，男，1996 年 6 月出生，河北唐山人，中共党员。江西中医药大学 2019 届英语专业校友。响应国家号召，毕业后即赴新疆克州，成为一名援疆大学生村官，现为新疆克孜勒苏柯尔克孜自治州阿图什市哈拉峻乡皮羌村党支部书记。2019 年获阿图什市“优秀共青团员”荣誉称号，2021 年其所在的皮羌村党支部获评自治区“先进基层党组织”。

江西是全国最早援疆的八个省份之一，1997 年即派出第一批干部到新疆克州工作。从赣水之滨到帕米尔高原，千万里的路程，20 余年的时间，一批又一批援疆干部将深情与汗水浇灌在援疆路上，在高原上演奏着最动听的青春之歌。赵东山就是其中一员，他不畏山高路远，不惧前路艰辛，在边远基层扎根三载，现已成为村民眼中的“皮羌人”“好书记”。

到祖国最需要的地方去

2019 年夏天，当同学们还在为毕业后何去何从烦恼时，赵东山已在上海找到了一份稳定体面的工作，成为大家羡慕的对象。然而，学校人文学院党委书记的一通电话改变了他的人生轨迹。“当时校党委接到新疆面向全省高校招录应届毕业生的通知，并将通知下发到各学院。因为我担任过学生会主席、班长，学院党委书记就想到了我，但当时我并没有立即答应。”赵东山坦言。

俗话说：“父母在，不远游。”作为独生子，从未去过新疆的赵东山，首先想到了父母，要去那么远的地方，他们能答应吗？他给父母打电话征求意见，母亲说：“你在上海，每年回家一次，在新疆也是每年回家一次。对于我们来说是一样的，所以你自己决定。”父母的尊重和理解，让赵东山除去后顾之忧，而舅舅的一番话，更让他坚定了援疆的决心。舅舅是一名基层公务员，他对外甥说：“你在上海工作，可以生活得很好，也许可以赚到很多钱，但是人不应该只为赚钱活着，不能在名利中迷失自己，年轻人要有更高的追求和理想。去新疆，到祖国最需要的地方去。”女朋友知道未来也许要面临长期的异地恋，但她仍表示全力支持："年轻时应该多干点儿事，这样老了才不会后悔。"

就这样，赵东山踏上了人生的新征程。初入陌生地，语言不通，对气候和饮食不习惯是难免的，在克州党校的三个月学习，让他熟悉了政治理论、民族政策、新疆历史和当地语言，很快他便克服了种种不适，融入了新环境。

让他印象最深刻的一件事是，刚来新疆时，有一回在市区买菜，回家后发现钱包丢了，所有的证件、银行卡都在钱包里，要补办非常麻烦。初来乍到，人生地不熟，也不知找谁问。谁知，不一会儿警察带着一位维吾尔族大叔找上了门，手里拿着的正是赵东山丢失的钱包，这里淳朴的民风让赵东山十分感动。

"党和政府在近五年的时间里，对新疆付出了特别大的心血，不仅有像我这样的大学生来到新疆，还有许多转业军人、武警官兵都响应国家号召，来支持新疆的建设发展。这里的治安管理得到了极大的改善。"赵东山也默默下定决心，好好干！

投身畜牧业的"95后"村官

皮羌村位于哈拉峻乡东部，距乡政府48公里，距离市区150公里，是一个边远山区牧业村。赵东山刚来时，全村342户中有在册贫困户243户。尽管有充分的思想准备，但皮羌村的实际情况还是让赵东山感到吃惊。他说："刚来时，村里除了畜牧业没有其他产业，群众收入也不高。"摆在眼前的困难并未让赵东山退缩。从驻村的第一天起，他就开始走访群众、摸查贫困户情况，想方设法融入当地群众。

皮羌村342户中，90%以上的家庭都从事畜牧养殖业，是一个典型的牧业村，因此畜牧养殖业的发展直接关系到巩固脱贫攻坚成果以及乡村振兴战略的落地实施。驻村两年的赵东山，对这条从村委会到羊圈基地的路早已了如指掌，与农牧民的谈心谈话是他每日必不可少的工作之一，在羊圈基地与农牧民谈养殖、谈市场、谈生活，想方设法打通堵点，铲平扶贫路上的一个个障碍。

"要想富，先修路"，靠畜牧业吃饭的牧民，最怕的就是山上发洪水，把路淹了就没法放牧了。得知这一情况，赵东山就找资源、找赞助，给村里修了一条新牧道，看着村民赞许和感激的笑容，赵东山心里充满成就感。而建设一个多功能、现代化的养殖基地才是持续的创收方法，这也成为他的心头大事。

如何帮村民开拓就业渠道？如何实现稳定增收？赵东山积极协调，推进产业发展，建成规模在7000平方米以上的规范化养殖基地。他利用工作队的资金花费

4.8万元帮助村羊圈养殖基地建设自来水配套设施，为村民解决了给羊饮水的大难题，并争取到25万元资金，在养殖基地周边修整道路1.4公里，绿化3.4公里，从而使皮羌村的养殖基地进一步现代化、规范化。

进入皮羌村的养殖基地，一股草料土腥味混合着粪味扑面而来。看着圈里的牛和羊，赵东山的心里充满了希望。经过走访调研，赵东山发现村里优质牛品种太少，于是他及时向自己所在单位以及乡政府汇报。在扶贫项目的帮助支持下，选派村党支部副书记以及经验丰富的牧民前往北疆引进更优品质的褐牛，同时利用资金继续完善皮羌村的76座大中型畜圈。“发展养殖产业不容易，从饲料、预防疾病到市场都不敢有丝毫松懈，否则收入会大打折扣。”赵东山说。由于长时间在村委会和养殖基地跑，村民们说，赵书记身上都有一股粪味啦！可就是这股粪味拉近了他和群众的距离。

成为真正的“皮羌人”

用真心换真情，才能和群众打成一片。如今的赵东山早已是皮羌村的“家里人”。

除了带领村民发展畜牧业，走上脱贫致富路，村民们的大事小情也是赵东山的牵挂。他热心配合村第一书记，帮助解决村民反映的热点难点问题。他不但是村里的升旗手，让五星红旗飘扬在牧区上空，还担负起农牧民夜校的组织宣讲工作，向牧民推广普通话，为他们解读惠民政策，乡亲们参与度和积极性很高。“我们全村共1492人，除去老人小孩，有劳动力的有655人。在这些人当中有一半以上来参加了夜校学习，扶贫不是先要扶志、扶智嘛。”

此外，赵东山还积极帮助农牧民改善生活条件，大力整治环境卫生，推广普及简单易行的医疗保健知识。2020年的寒冬似乎比往年来得更早，也更寒冷，解决贫困家庭的供暖问题成了当务之急。赵东山提前联系好36吨煤分发给40个贫困家庭，还利用工作队经费采购了234套一氧化碳报警器安装在农牧民家中，为18户下迁户提供供暖补助，让皮羌村居民度过了一个温暖又安全的冬天。

被问及会不会觉得辛苦时，赵东山笑道：“当公务员哪有不辛苦的？但辛苦之处也正是价值所在。”今年80多岁的村民吾斯曼·阿山动情地说：“他是村民的贴心人，没架子、能吃苦，是替老百姓办实事的好干部。”听到村民们这样的评价，赵东山觉得一切的辛苦都值了。

最美的诗和远方不在文字里，而在每一步的脚踏实地里，在一点一滴的辛勤汗水中。只身赴疆，无怨无悔，赵东山把韶华留在了南疆大地，写在了脱贫攻坚战的光荣册上。他勉励后辈校友“心中有信仰，脚下有力量”，在树立正确价值观的前提下，接受磨炼和挑战，锻炼统筹协调能力、逻辑分析能力、语言表达能力、沟通共情能力……把这些能力融入国家发展、民族复兴的伟业中，才能不负时代、不负青春。

成长点评

转变就业观念，在广阔的西部地区成就自我，这是新时代大学生就业的新选择。毕业之际，校友赵东山放弃了上海稳定体面的工作机会，响应国家号召，在家人的支持下选择做一名援疆村官。大学生村官、基层公务员、党支部书记、“皮羌人”，三年来，他有了多重身份，这是他融入南疆基层农牧民并得到他们认可的有力证明。三年间，他利用大学期间担任学生干部的经验，不断学习实践，用心、用情、用力办实事解难事，带领皮羌村农牧民走上了脱贫致富路，改善了农牧民的生活条件。脚踏实地的每一步、辛勤付出的每一天都是他不负时代、不负青春的最美诗篇。

用音乐疗愈身心的白袍医师

刘志斌，男，1989 年 5 月出生，湖南炎陵人，中共党员。江西中医药大学 2012 届音乐治疗专业校友。现为深圳市康宁医院艺术治疗组组长、精神康复音乐治疗专业督导师、国家二级心理咨询师、中国注册音乐治疗师、戏剧与动作治疗方法引导师、中国音乐治疗协会会员，广州音乐治疗协会委员；在深圳市康宁医院从事康复治疗音乐治疗临床与督导工作 10 余年。2017 年，在“医声有你”第三届深圳市卫生计生系统“十大青年歌手”大赛中获得冠军。

在江西中医药大学附近有一处名胜——洪崖丹井，相传是乐祖伶伦炼丹之处，而自古乐药相通，音乐从远古时代就被用于治疗身心疾患。刘志斌选择了在洪城南昌，在乐祖制律的地方，将自己的音乐追求转化为助人济世的理想，并从此处启航，将理想照进现实，用青春与热爱书写着动人的乐章。

执着少年音乐梦

少年刘志斌怀揣着音乐梦想在湖南省炎陵县长大。他的兴趣爱好得到了家人的尊重和支持，家境虽不算富裕，但他从小便学会了多种乐器，是亲友们眼中的“小音乐家”。

早在小学时期，刘志斌就意识到，音乐可以成为交流情感的桥梁。当时邻居家有个患孤独症的孩子，常年被其他的孩子冷落嘲笑，走路时都尽量避人独行，但只要路过刘志斌家门口，听到他吹笛子、弹吉他，这个孩子就会停下脚步，驻足听一会儿。刘志斌很想知道这个孩子在想什么，想表达什么。渐渐地，通过音乐他们有了一些沟通和交流。这个孩子对音乐很敏感，会跟随着节奏做动作，这让刘志斌惊叹于音乐的神奇魅力，也让他的音乐学习有了更大的动力。

人贵有志，学贵有恒。从初二开始，刘志斌便独自到省会长沙求学，接受更专业的训练。2008 年参加高考时全国只有三四所高校设有音乐治疗专业，江西中医药大学在2006年开设这个专业，因此刘志斌也成为了该专业较早的一批学生之一。

万事开头难，起步阶段，无论教与学都是摸索的过程。刘志斌至今都非常感谢当时的老师在深造培训和社会实践等方面尽力创造的条件。他在大一时就能赴北京参加原本大四毕业才能报名的音乐治疗研修班，大二就开始尝试独立完成治疗项目，而让他印象最为深刻的是一次去江西女子监狱做公益治疗的经历。

面对已经被判死缓、无期的服刑人员，如何唤起她们对生活的希望，提升幸福感，是音乐治疗师最关心的问题。实践之前，会先开展一次小组团体讨论，商量方案，再逐一对症交流施治。

“能参加治疗的，都是在服刑期间表现较好的人员，但她们中仍有很多人对生活麻木，不抱任何期待。我们通过音乐手段缓解她们的负面情绪，建立积极态度，对其他人也有鼓励作用。”此外，狱警也是长期处于紧张状态的人群，通过音乐治疗可以为他们减压。

刘志斌说：“这次社会实践不仅是对专业技能的练习和提升，更让我接触到了社会特殊群体，触及人性中的共性和差异，让我觉得即使曾经犯过错，甚至犯过罪，她们也是应该被善待和尊重的。能让她们感觉到自己没有被社会抛弃，仍然有人关心她们，我觉得这份工作很有价值。”

以乐为药践医者仁心

四年的本科学习，让刘志斌对医学和心理学知识有了系统的掌握，步入职场的他充满信心，背上行囊南下深圳，来到改革最前沿的城市施展拳脚。

参加工作的头一年，他先后在深圳市第二人民医院、北京大学深圳医院工作，工作内容都与音乐治疗相关，帮助脑卒中、脊柱损伤、骨骼肌肉疼痛等患者通过音乐治疗康复。2013年，深圳市精神卫生中心，即深圳市康宁医院招聘音乐师，刘志斌因有多门乐器技能、具有丰富的临床实践经验而一举考中，成为当时深圳唯一有编制的音乐治疗师。

也有人质疑这份职业，虽穿着医生的白大褂，但唱唱歌、弹弹琴就能治病，真的有这么轻松有趣的工作吗？起初许多患者家属对音乐治疗持怀疑观望态度，刘志斌便耐心解疑释惑——心理精神治疗是一个系统过程，音乐治疗是其中一个配套治疗环节，治疗师利用各种形式的音乐体验，以及在治疗过程中发展起来的作为治疗动力的互动关系来帮助患者恢复健康。经过沟通，部分患者愿意尝试，看到确有疗效后，越来越多的患者开始接受这种治疗方式。

刘志斌每天的工作是通过不同的乐器、歌曲对患者进行治疗。在康宁医院，光乐器就有几百种，常用的非洲鼓一般用于团队之间“热身”，患者进入治疗室时，刘志斌一般会弹钢琴欢迎。每个患者在进入治疗室时都要选择乐器，刘志斌说，从选择的乐器就可以判断患者的一些心理状态。

“你的名字叫什么，请你现在告诉我……”刘志斌通常通过有韵律的交流，让患者之间相互认识，促进自我表达。跟着刘志斌的节拍，每个患者都唱出了自己的名字。接着他会带领大家打非洲鼓，“把你的能量传给下一个人”。随后进入音乐干预，也是放松阶段。拉上窗帘，把灯光调暗，用缓慢的节奏敲打无忧鼓，把大家带入放松的意境之中。放松结束后，刘志斌询问每个人刚才放松时脑中所想。有患者觉得自己回到了小时候，有患者觉得心情很好。“你好歌”、舞蹈、唱歌、音乐干预、讨论、分享，这是一场音乐团体治疗的流程。“每一天的课都不一样。”刘志斌说，他会根据患者的不同情况作出调整，但是基本的流程是相同的。在整场治疗中，患者们微笑了几次，评价别人几次，这些都是音乐治疗师在工作时需要记录的。通过音乐，让患者放下戒备，可以去社交，去分享，以此达到治疗目的。

最让刘志斌难忘的一次治疗经历是为一位患有阿尔茨海默病的 93 岁老奶奶做康复训练。奶奶的记忆仍停留在 20 年前，她总认为自己是 72 岁，刚来时说话气息非常微弱，中气不足。奶奶有一些视觉障碍，需要坐轮椅代步，还有悲观厌世的想法。当刘志斌按常规流程为她唱“你好歌”时，她没有任何反应，还对刘志斌说：“我的时间不多了，你们不需要在我身上浪费精力。”刘志斌根据她的年龄和职业，推断她熟悉的歌曲，弹唱了一首《歌唱祖国》，没想到奶奶一听到歌声就抬起头来看着他，嘴里还喃喃有词地跟着一块唱。“这说明音乐是能给她留下深刻记忆的，阿尔茨海默病患者会忘记很多事情，但她能记得旋律和歌词，这是让我很欣喜的。”刘志斌还注意到一个细节，就是当把歌词递给奶奶要她回去练习时，奶奶会将歌词仔细折成方块放进口袋里。在随后的治疗中，刘志斌通过和奶奶一块唱这首歌，建立了更加密切的联系。两周 6 次的治疗结束后，奶奶的情绪状态得到了很大改善，愿意对着镜子打扮自己了，说话时的中气足了很多，也可以离开轮椅自己走路了。患者的每一点进步都让刘志斌充满成就感。

以热爱为石铺职业之路

在被问及每天都要面对这些状态不佳甚至有很多负面情绪的患者，自己的压力会不会很大，如何缓解自身的焦虑时，刘志斌回答：“在工作中，我并没有把患者定义为带着负面情绪的人，因为这样的标签本身就是一种歧视，我更愿意医患之间是一种平等且相互尊重的关系。同样，如果我是带着压力和负面情绪去完成一项工作，那么这份工作我一定做不长久。在工作中，我可以和不同性格、经历的人产生互动关系，在这份关系中，我自己也能学到很多，可以说，我把他们当成我的朋友，我们一块成长进步，因此我很享受这份工作。治疗师需要一颗谦卑的心，要相信音乐力量，相信来访者，以空杯心态面对每一个新的来访者，因为每个人都是自己最好的治疗师！”

刘志斌介绍，音乐治疗中是以疗愈关系为导向的，如果是以音乐教育为目的，填鸭式地教会患者唱歌，那在医患之间会形成很大的压力，是不利于患者康复的。音乐治疗的过程更像医者以音乐为桥梁，走进患者的内心世界，帮助患者疏解释放压抑的情绪，引导他们重新认识自己，唤醒一份美好和希望，从而达到治疗的目的。这就要求音乐治疗师自身具备阳光、开朗、热情、主动等特质，在工作中还需要有一定的魄力。在医患关系时有纠纷的时代，刘志斌自从业以来，与患者关系都非常融洽，从未收到过一起投诉。

我国音乐治疗事业起步较晚，且一直是小众专业，但随着社会经济的发展以及物质条件的改善，人们对精神和心灵层面的需求增加，音乐治疗师也逐渐成为“朝阳职业”。现在刘志斌不仅自己做音乐治疗，还带出了许多优秀的学生，他们的就业情况也很好，成为各一线城市心理治疗领域的“香饽饽”。

对于选择了音乐治疗专业的同学，刘志斌建议要根据自身的性格特点和理想意愿找准未来的方向。“音乐治疗涉及的领域非常广，如无痛分娩、亲子教育、儿童心理干预、病痛舒缓、临终关怀等领域，几乎覆盖了生命的全过程，因此找准自己的目标人群很重要。”例如，如果性格活泼，喜欢小孩子，可以做儿童心理教育；如果曾经历过病痛，想帮助其他人缓解病痛，可以做病痛舒缓。

刘志斌对家庭教育很感兴趣，他认为除了对患者进行必要的治疗，家人的支持与陪伴、社会的关心爱护也是康复的关键因素，因此他希望未来能筹建社区音乐治疗机构，帮助患者在日常生活中方便地进行自我调节，让疗愈身心的美妙旋律飞进千家万户。

世上最幸运的事，莫过于把喜欢且擅长的事变成自己的工作，并能以此体现生命价值。然而，在无数羡慕的眼光背后，是日复一日锲而不舍的勤学苦练。以音乐做翅膀，用完美的眼光看待不完美的世界，传递爱与温暖，给予人信心和希望，这位心灵歌者、白袍医师非常帅！

成长点评

因兴趣选择所学专业，可以精益求精，愿意学以致用。校友刘志斌将少年音乐梦与专业学习、职业选择和人生发展相统一，学的是新兴专业音乐治疗学，选择的是“朝阳职业”音乐治疗师，传递的是爱与温暖，给予的是信心与希望，他用日复一日的付出，诠释了一位心灵歌者、白袍医师的职业操守与生命价值。他的职业是平凡而伟大的。

用前沿科技兴传统文化

刘新亮，男，1985 年 1 月出生，吉林通化人，中共党员。江西中医药大学 2008 届生物医学工程专业校友。现为深圳市前海雨人供应链管理有限公司总经理、惠州市奖门人饮食文化有限公司总经理、江西中医药大学惠州校友会副会长。

“创业是会让人上瘾的，就像登山，当你爬到山顶抬头一看，还有更高的山等着你，就会铆足了劲儿，继续挑战自己。人生就是要不断追寻、攀登属于自己的珠穆朗玛峰。”在电商圈已有一番成就的创业者刘新亮，现在又有了新的“珠峰”，他想利用最先进的媒体科技弘扬中医药等中华优秀传统文化，传播大健康理念，助推大健康产业。商海闯荡十余载，他决定回归故土、回归本心——回归是为了更好地出发。

勇于做“第一个吃螃蟹的人”

刘新亮是个东北汉子，父母身体都不大好，小时候看着常年饱受疾病之苦的高堂，他暗自下定决心，将来要从事跟医药相关的行业，为人们缓解病痛。高考填报志愿时，刘新亮便选择了江西中医药大学的生物医学工程专业。

生物医学工程专业是 2003 年才开设的，刘新亮 2004 年入学，是第二届就读此专业的学生。没有学长学姐的经验参考，他对于未来要学什么，毕业以后在哪个领域就业，几乎全无概念。“当时我还分不清楚生物工程和生物医学工程的区别，看到有‘医学’两个字，觉得符合自己的意愿，就填报了后者。”刘新亮后来才知道，生物工程专业划归药学院，生物医学工程专业是设在计算机学院，而计算机作为当时的新兴科技，也正是自己的兴趣所在。

初入大学校园，刘新亮坦言，自己对专业课知识的掌握并不好，尤其是需要与时俱进的技术设备类科目，有时刚弄懂设备的设计模式、使用方法等，这个设备却又过时了。高等数学、全英文版的信号系统、模拟电路和数字电路……他也曾为考试挂科担忧烦恼过，但始终清楚自己的优势。

求学期间，刘新亮就表现出出众的商业头脑和强大的行动力，系主任希望他能发挥所长担任学生会主席，却被他婉拒了，因为他找到了一个既能赚钱又能学习的“兼职”。“当时互联网才刚刚兴起，受众人群相对有限，很多医生不懂网络，我就在网上的帖子里搜集网友提的跟医学有关的问题，然后请专业医生解答，再将解答内容发回给提问者。作为中医药大学的学生，可以比较便捷地找到医疗资源，通过互联网平台构建一个商业互动模式，我从中收取一些费用，这就是互联网内容运营的一个雏形，为我日后的创业积累了一定经验。”

毕业后，有一部分同学选择考研继续深造，大部分同学进入了与专业相关的行业，例如医学影像、医疗设备维修，但刘新亮对自己的未来并没有明确的规划，只是隐隐对创业有一份向往。他明白“大水养大鱼”的道理，不甘心做池中之物，想做“第一个吃螃蟹的人”，于是他选择南下深圳，去这片创业者的乐园开疆拓土。

爱拼才会赢的弄潮儿

海阔凭鱼跃，天高任鸟飞。深圳日新月异的发展速度和欣欣向荣的城市活力，激发了刘新亮的创业激情，他先后就职于几家与互联网业务相关的公司，不为收入、不为晋升，只为摸清楚各个领域不同企业的运作模式，细致了解完整的产业流程，为创办自己的公司积累经验和资本。

既具备宏观视野，又善于抓关键点，作为打工者，刘新亮很快就跻身高收入人群，职务也做到了区域负责人。但他并不止步于此，因为他终于有底气去圆那个埋在心底的创业梦了。“自己创业和给人打工是完全不同的心态，就业有现成的平台、人力资源和资金流，只要依照固定模式操作就能运营得不错，而创业则需要从零开始自己去搭建平台、组建团队、筹集资金，需要应对瞬息万变的市场，抓住稍纵即逝的时机，要对全局负责。因此，从就业到创业，是要放弃很多已取得的成绩和条件的，要有跳出舒适圈的勇气，而这种心态的改变对我来说是最珍贵、最重要的。”

回忆起创业刚起步的日子，刘新亮很感慨，最困难的是头三个月，没有办公场所，就把家当作办公室，在互联网上运营店铺，前面几个月是完全没有收入的，甚至连快递费都要列入预算，能省则省。但再困难，他也没有后悔的念头，始终坚定创业是他的必由之路。

功夫不负有心人，2012 年前后，正是电子商务以异军突起之势迅速向国民经济各行各业渗透的时期，阿里巴巴、京东等电商企业以迅猛态势改变着人们的消费方式。站在新风口，刘新亮瞄准时机，仅用半年时间就通过电商业务享受到了改革发展带来的市场红利，赚到了人生的第一桶金。

创业路上不可能永远风平浪静，刘新亮喜欢逐浪而行的感觉，所以他始终保持饱满的学习热情。在自主创业有了成绩之后，他决定一边运营自己的企业，一边回归职业经理人的身份，在干中学、在学中练，触及更多的可能性。他先后涉足供应链管理、跨境电商贸易、网络文化创意策划等多个跨度较大的领域，每一次新的尝试，都为他的创业生涯打开了更大的窗口。

荣归母校寻初心

2019 年的一次机缘巧遇，让刘新亮重拾了当初想为民众解疾患的愿望，也让他得到了与母校合作的机会。

当时刘新亮受邀去给一家上市公司——惠州市奖门人饮食文化有限公司的电商部门做咨询服务，认识了公司的董事长林长泉先生。交谈中，刘新亮得知林先生曾患心肌梗死，饱受病苦，后来林先生寻访到一个偏方，让他三个月后心脏功能就恢复正常了。林先生在惊叹于中医药神奇疗效的同时，也决心推广健康产业，弘扬中医药文化。他组建了实验室，又花大资本广招科研人才做产品研发，将被誉为“血管清道夫”的木耳小分子肽做成口服液。木耳是菌类，在熬煮后会发酵进而导致瓶体爆裂，如何解决这一难题成为生产该产品的关键。身为香港浸会大学名誉大学院士的林先生，带着这一问题咨询了浸大的专家吕爱平教授，而吕教授是江西中医药大学的优秀校友，他向林先生推荐了母校。

就这样，拥有江西中医药大学校友身份的刘新亮和奖门人饮食文化有限公司一拍即合。更巧的是江西中医药大学惠州校友会很快成立，而负责校友会成立大会事宜的温泉老师恰好是当年对刘新亮多有关照的系主任。温老师建议，可以通过校友会享受学校的帮扶政策，建立校企合作关系。

刘新亮于 2020 年 4 月开始奔走于南昌与惠州之间，克服重重困难对接校企合作事宜，终于在同年的 7 月 1 日，他代表企业方与母校签署了科研合作协议。自此，奖门人与江西中医药大学固体制剂制造技术国家工程中心和现代中药制剂教育部重点实验室开启了深度合作，启动了养心护肝食疗产品项目，实施“保障心血管畅通的专利食养产品”计划，一系列具有养心护肝功效的葛根食养产品被开发出来，奖门人食养“心肝宝贝”“葛显神通”专利产品线正式形成。12 月，由校企双方共同主办的江西中医药大学(惠州)中医药文化宣传教育基地授牌仪式在惠州举行，这是促进产学研融合，推动校企开展多层次、多领域合作，加快科技成果转化，传播健康理念，普及中医药文化的又一次创新。授牌仪式上，奖门人向学校捐资 100 万元，用于科研项目和人才培养。

作为经理人，合作协议的签署、合作项目的落地意味着刘新亮又要去新的领域开拓了。“以前基本上都是用现有产品进行贸易，而新项目则需要从产品研发、生产、销售等全产业链进行跟进。”最困难的是技术壁垒，运营者要懂得借力借势，充分调动团队积极性，让专业的人做专业的事，这样才能扬长避短、提质增速。

说到校企合作成果，刘新亮语带自豪：“学校在推动产品研发和应用的融合中，给予了我们大力的支持，学校深厚的学术底蕴、专业的科研水平和高素质的人才队伍是我们研发产品、开拓市场的最大底气。”众所周知，葛根具有醒酒解酒、清热解毒的功效，奖门人依托朱卫丰校长牵头的国家级课题项目以及葛根多糖提取专利技术，经过一年多的研发推广，把这味药食同源的中药做成了爆款产品，深受消费者青睐。

被询问到总是在辉煌顶峰处华丽转身，于无数繁杂事务中调整平衡，是否会有压力时，刘新亮答道：“我不愿用‘压力’这个词，因为压力是外部施予的，而对于创业者来说，自身的成长在于发自内心地愿意去挑战和突破，主动革新自己。”

如今的刘新亮对中医药有了一份特殊的情感，他又在悄然转型，酝酿着更大的计划——用在互联网行业积累的先进的技术手段，去传承传播古老传统的中医药文化，让名医名方被熟知，让中医药惠及全国乃至全世界。这是他理解的守正创新，是他作为校友的责任，也是一份宝贵的初心。

没有比脚更长的路，没有比人更高的山。人如其名，敢于创新、善于革新，苟日新，日日新，又日新，用新新之力量，焕发生生之光亮。刘新亮的创业路，从筚路蓝缕到通衢广陌，步步稳扎稳打，终于通向守初心、担使命的大道。愿他的故事，能激励和鼓舞莘莘学子，不畏艰难险阻，勇攀人生高峰。

成长点评

先就业再创业，这是校友刘新亮的创业之路。在校期间，他敢闯敢干，利用专业优势和互联网平台在创业之路上小试牛刀，积攒了一点创业经验。毕业后，他怀揣创业的梦想，先后就职于多家公司，学习掌握创业所需要的运作模式、产业流程等，为创业积累了经验和资本，以敢闯敢干的拼劲创办了自己的企业，攀登属于自己的“珠峰”。于他而言，人生“珠峰”不只一座，新的时机、新的领域、新的尝试，激发了他创业的无限可能，也引领他回归专业初心，用最前沿、最先进的技术手段，去传承传播古老传统的中医药文化，踏上通往另一座“珠峰”的光明大道。

绘就生命的斑斓色彩

刘仁磊,男,1987 年 6 月出生,四川资阳人,中共党员。江西中医药大学 2007 级人文学院医药贸易英语专业校友。义乌爱杰进出口有限公司创始人,2011 年至今一直从事国际贸易,主要经营马拉松奖牌等相关业务,产品出口欧美等地。2021 年走进身心灵疗愈领域,师承七彩人生平台创始人徐健茗先生,通过自己的经历和专业学习,结合中国《易经》《黄帝内经》等古老智慧,融合全球先进疗愈技术,致力于传播色彩识人心理学,帮助人们实现情绪减压和生命成长。现为色彩识人导师、色彩心理疗愈师、色彩瑜伽疗愈师、色彩能量按摩师、彩虹之门能量坊导师。

条条道路皆可通罗马

每个人行走在人生之路上,都希望自己能踏上一条直通光明的康庄大道,可在现实中我们却总需要面对一段段弯路、岔路甚至死胡同。有人站在路口满腹牢骚、怨天尤人,刘仁磊却说:“只要你想去罗马,那无论大道小道还是弯路岔路都可以到罗马。”

刘仁磊遇到的第一个人生岔路便是在大学专业的选择上。2007 年,从四川长途跋涉来到江西中医药大学的刘仁磊,没能就读自己填报的第一志愿中医学专业,而是被调剂到了人文学院英语专业。对一般人而言这是个正常的专业调剂,但对刘仁磊这个四川人来说却多了一份挑战——如何在学习语言的过程中克服自己的四川口音。四川方言的特点之一是平翘舌不分,卷舌音很少,而无论是普通话还是英语,都有许多卷舌发音。在四川时大家处于同一环境不觉有异,一到外地自己的口音就会显得格格不入。

“大学时我加入了江中医英文电台社团,每次做社团培训时,小黑板上写差不多十个单词的句子,我能念错九个单词,口音重,读音不规范。特别感谢当时的一位学长,他每次都不厌其烦地指导纠正我的读音,给了我很大的鼓励和帮助。当时我为了纠正口音真的很拼，还用了一个现在已经不提倡的笨办法，就是在嘴里含一颗鹅卵石来增强翘舌的感觉。那时练得很辛苦，但一切都是值得的。现在无论是说普通话还是英语，都没有人会听出我的口音了。这为我之后无论是做需要与国外客户沟通的外贸工作，还是做如今的心理讲师，都打牢了语言基础。”

其实无论中医还是英语，都并非刘仁磊最心仪的专业。“我是个一直以来就比较喜欢思考务虚问题的人，所以我一直想学心理学，从事和心理学相关的工作。本科期间我还尝试报考心理学方向的研究生，但最终想着还是得先解决生存问题再谈梦想，就放弃了考研去做外贸。不过现在我依然成为色彩识人心理辅导的导师。虽然这份机缘是用我人生一次跌落谷底的经历换来的。”

2015 年，一位合作中间商的欺诈行为，使得刘仁磊好不容易积攒的身家血本无归。“我所有的客户资源全部流失，整整一年没有任何收入。那时我的妻子正怀着身孕，可我们却连点一份外卖都觉得奢侈。”这样急转直下的生活给了刘仁磊巨大的打击。“有半年左右的时间，我一直沉浸在受害者的角色里自怨自艾、无法自拔。但生活的压力和自救的本能提醒我不能这样继续消沉下去，我想到了曾经学过的心理学，我想通过重拾自己喜欢的事来激励自己，也希望能通过更专业的心理学习将自己从负能量的沼泽中拉出来。很庆幸正是因为这样一份尝试，我不仅摆脱了‘受害者’的情绪枷锁，通过自我理性反思与分析走出了情绪低谷，更以此为契机接触了专业且现代的心理辅导平台，从最初的学员到志愿者再到核心层，兜兜转转之后，我终于走在了我最想要的人生道路上。”

史铁生在《病隙碎笔》中写道：“仁慈在于，只要你往前走，他总是给路。在神的字典里，行与路共用一种解释。”所以人生存在死胡同吗？死胡同只在自己的心里。只要不曾停下决意前行的脚步，掉头的转角或许就是人生的转机。心之所向的远方，不在一蹴而就的幸运里，而在跋山涉水的征程尽头。

向下扎根　向上生长

柳暗花明又一村的转机固然令人欣喜，但山重水复疑无路的艰难却是收获惊喜前必经的考验。回想起自己一路至今的旅程，刘仁磊说：“我并非一个天赋异禀的人，能走到今天，很大程度上源于我拥有比一般人更强的韧性。”

毕业时，刘仁磊和 5 个同学一起来到义乌准备从事外贸工作。那时他们在义乌人生地不熟，连落脚之地都没有，一行 6 人只能挤在 60 元一晚的小旅馆里。大学期间积极参与社团活动和校外兼职，表达能力和社交能力都较为突出的刘仁磊很快找到了一份外贸推销的工作。但入职后的刘仁磊却面临一个不曾设想过的境况——整整6个月未能签成一笔订单。

“入职后，我和大家一样努力学习着、奔波着、争取着，但看着同事们把一位位客户带回来，我却始终签不成一笔订单，心理压力自然越来越大。都说男儿有泪不轻弹，但有一次晚上8时许，我在公司食堂打包了一份饭边吃边熟悉一些资料，突然看到这个时间还有同事带着客户回公司签单，那一刻满满的惭愧和自责化作泪水涌了上来，当时我觉得自己简直愧对面前的这碗饭。”

在这种情况下或许有人会选择离开，但刘仁磊想着自己未能给公司创造任何收益，公司却依然愿意这样栽培自己，即使要走，也一定得为公司创造了足够的利润后再离开。于是他沉下心来，更精进地学习公司业务和外贸推销技巧，终于在进公司6个月后，以自己的专业和真诚一举打败其他看似更有优势的竞争者，成功与一位智利客户签订了100万元的订单，这也让他成为公司当月的销售之星。

“外贸行业的基本工资非常低，业绩销售能力成为很多人和公司谈条件的筹码，因此这个行业从业人员跳槽的频率很高。像我这样能扎根在一个公司做这么久的人很少，我的老板说他正是看到了我身上沉稳、诚恳的品质，所以在我一直没能签单的时候，也没想过开除我，反倒开放了更多权限以便我学习，这也为我之后成功签单奠定了基础。”

和刘仁磊形成对照的，是一位与他同期的学长。这位学长进入公司后，就以出色的表现快速成为公司的销售之星。他立即以此为筹码要求公司提升各项待遇，否则就离职，而他最终得到的也正是一句“那你就走吧”。这位学长之后辗转了七八家公司，都同样来去匆匆，虽有实力，却在频繁的跳槽中白白浪费了多年的青春和精力，始终未能扎下事业的根基。“我建议刚踏入社会工作的青年们，一定要明白慢就是快的道理，不要急于求成，更不要带着年少轻狂的脾气到哪都挑刺，看哪都不顺眼，而应该以一种学习的心态慢慢扎牢自己的根基，让自己行稳致远。”刘仁磊说。

人生的边界由自己划定

回顾自己一路走来有得有失起伏的经历，刘仁磊总结了三条经验：“守住做人的底线，提高认知的上限，拓宽生命的边界。”

守住做人的底线。无商不奸是许多人对商人的印象，但刘仁磊说：“当聪明人太多的时候，真诚靠谱就显得难能可贵。之前与我合作的那位中间商，就是位极聪明也很拼的人，所以他快速建立了自己的商业集团，生意从几百万元到几千万元再到上亿元。就在他自作聪明地想要暗渡陈仓卷走一笔上亿元订单的款项时，东窗事发，他凭借自己狡诈的'聪明'赚取的一切财富瞬间灰飞烟灭，自己也锒铛入狱。相比之下我没有他这份'聪明'，客户给我的每一笔款项我都如实入账，我会为了客户的利益自己跑工厂谈降低定金，有时甚至要先自掏腰包。也正因如此，我在圈内有很高的信誉，收获了很多忠实的客户。当年因为受那位合作商欺诈行为的影响，国外客户以为我和他是一丘之貉，曾一度和我断绝了所有生意往来。我用最大的诚意一遍遍和他们解释，在家中经济本就捉襟见肘的情况下飞到美国和他们面谈，让他们真切感受到我的诚意，以此换来了他们的一些理解。之后他们特意动用了在义乌的各种关系来了解我的为人，核实可靠后，才终于和我恢复了合作关系。如果没有我一直以来用诚信可靠为自己积累下的口碑，我不可能赢来这次起死回生的机会。”

古语有云：“地势坤，君子以厚德载物。”没有德行作为承载的根基，所有的名利富贵不过如无根之木，飘摇易逝。只有扎根德行的土壤，树牢做人的根基，我们才能在天地万物的滋养中，欣欣向荣地生长。

提高认知的上限。提高认知的基础首先是能正确认识自己。刘仁磊建议大家：“无论是选择进公司就业，还是自主创业，先认清自己，分析自己的优劣势非常重要。在此基础上，我们才能知道要如何在选择人生方向时扬长避短，以及如何通过学习取长补短。”但学习并非只停留于专业知识上。“对老板而言，知识面广，有自己思维和想法的员工肯定是备受青睐的。在外贸行业除了掌握能和客户顺畅交流的语言外，能多了解客户所在国家、地区的文化知识，能发现他们的兴趣并与之畅聊，都是有利的加分项。所以希望在校的学弟学妹们一定要珍惜学习的机会，在掌握好专业知识的同时，多参加各类社团和实践活动，在知行合一中开阔自己的视野，提升自己的认知，为自己之后人生的发展寻求更多的机会。”

拓宽生命的边界。每个人孜孜以求、积极进取的目标，或许都是为了以更好的自己成就更好的人生。但若将全部的目光和精力只聚焦于自己，这份“好”则会非常局限，当我们将目光更多地聚焦于他人的需求并为之努力时，生命的宽度也会因此增加。

如今同时兼顾外贸和心理辅导两份事业的刘仁磊说：“很多人觉得我从外贸转做心理辅导，跨度非常大。其实做外贸就是要多关注客户需要什么产品，我们尽力提供；做心理辅导，就是多关注他人内心需要什么能量，我们给予支持。本质都是立足对方需求，提供我们力所能及的助力。这个世界虽然竞争越来越激烈，但只要你仍能被他人需要，你就不会被淘汰；你能被越多的人需要，你能得到的回报也就越大。在做心理辅导的过程中，能感受到现在很多人尤其是年轻人都很迷茫、焦虑，而他们的迷茫与焦虑，恰是因为不知道自己的优势是什么，或是因为急于展示自己、证明自己，无法沉心静气地从身心灵的维度多审视自己，多思考自己能为这个世界做什么，以此找到自己的价值。力的作用是相互的，我们为世界多贡献一份力量，世界就会多反馈我们一份滋养的力量。”

踏实稳重的人格品质、不屈不挠的生命韧劲、努力奋进的生命斗志，这三股力量构成了刘仁磊生命的“三原色”。在这“三原色”的调和下，经历或黯淡、或明亮的人生旅程，刘仁磊都将绽放出独一无二的生命华彩！

成长点评

一份职业的成功取决于多重因素，校友刘仁磊用自己的职业经历作了诠释，他的成功主要归功于以下几点：一是学一行专一行的韧劲，二是学生时代参与社团活动和校外兼职对自身综合素质的历练，三是坚持诚信为本的良好职业道德。而他最大的成功，是把职业做成事业，同时把自己的业余兴趣也做成了事业，除了勤奋，更多的便是热爱，热爱学习、热爱生活、热爱生命。

追梦之旅，不负芳华

辛晨，女，1993 年 3 月出生，山东蓬莱人，从小在武汉长大，一位外表温婉美丽，内心坚毅执着的女孩。2011 年，她以优异的成绩被江西中医药大学录取，就读于音乐治疗专业。2015 年毕业后的她将所学专业知识创新性地融入儿童素质教育，在武汉创办儿童素质教育机构——易学国际教育。几经努力，现如今她所创办的易学国际教育已发展成拥有 2 个校区，每年近 500 位儿童入学，年教育产值 600 万元左右，在当地具备一定影响力的儿童素质教育机构。她的成功离不开母校的培养和自身坚持不懈的奋斗与探索，更映衬出江中医人惟学善思、坚韧不拔、敢于拼搏创新的精神。

"惟学、善思"　勤学本领立志投身儿童教育

辛晨曾说："我现在所取得的一点成绩都得益于母校的培养，得益于和音乐治疗专业的结缘。"她的带班老师陈老师回复说："我赞同你的观点，但这更是靠你自己坚持不懈的努力打拼出来的结果，亦如你当年百折不挠成功考上我们学校的音乐治疗专业一样。"她笑着回答："如果还有机会让我重新选择，我还是会这么做。"

2011 年 9 月，对辛晨来说是一个幸福的时刻，她如愿以偿地进入江西中医药大学就读音乐治疗专业。美丽的校园、丰富的专业课程、多彩的校园文化，都吸引着这个美丽的女孩，也更加坚定了她当初选择江中医、选择音乐治疗专业的初心，"江中医，爱你没错"成为她刚入校时最喜欢念叨的一句口头禅。学习之余，她喜欢参加学校组织的各类创新创业培训和实践实训活动。沉醉于其中的辛晨逐渐发现自己貌似柔弱的小身板内其实蕴含着一股特别能"折腾"的能量，而校园里那浓郁而又激情四射的创新创业氛围也成为她萌生创业梦想的催化剂。大一期间，辛晨在老师的引导下根据自身的特点开始尝试着做起了微商。或许是得益于经常参加学校各类实践实训活动，辛晨做起微商来不仅思路开阔，对客户需求的把握也非常精准，再加上她优秀的沟通协调能力，使得她的许多客户自然而然地就逐渐变成了她

的微商“粉丝”。一个学期下来，她做微商的收益居然已经能满足她一个学年在学费和生活费方面的开销了。虽然初次创业就让辛晨品尝到了成功和收益所带来的喜悦，但喜悦的背后她总觉得少了些什么。她开始慢慢地冷静下来思考自己人生的意义，思考当初选择音乐治疗专业的初衷。

而就在此时，学校针对不同专业开设的专业见习开始了。在一次“特殊儿童音乐治疗干预”见习活动中，辛晨接触到一位语言功能障碍性损伤的孩子，辛晨在专业老师的指导下对这位小患者进行了为期一个月的音乐治疗干预后，小家伙居然可以和她做一些简单的词语交流，还能哼唱一些简单的歌曲。而恰恰就是这样一段或许让很多人觉得平常不过的见习经历却深深地触动了辛晨。小患者天真的笑脸和所发出的哪怕是不入调的歌声，以及孩子母亲眼里所洋溢出的憧憬之情，令辛晨久久不能释怀。至此，要结合所学专业投身儿童教育的想法便扎根在辛晨的心里。

“求强、求精” 不负韶华开启创业之旅

2015 年，辛晨一毕业便去往广州并顺利就职于当地的一所儿童教育培训机构，开始了她的“寻梦之旅”。她在工作中所展现的新颖的教育方式、扎实的专业知识和创新能力得到了孩子和家长的充分认可。闲暇之余，她在总结自己儿童素质教育实践经验的基础上，结合音乐治疗专业知识自主研发出一套培养孩子学习能力的心智课程，并被当地的多家妇幼保健医院纳入推荐使用的儿童心智康复类课程，而这套课程一经推出便得到了受教儿童和家长们的一致喜爱。一年下来，辛晨卓越的执教成效和业绩得到了孩子家长和就职单位的一致肯定。而就在大家为事业蒸蒸日上的辛晨感到欣慰并祝福她的时候，她却做出了一个让大家始料未及的决定——回武汉创业。

2017 年春节期间，回湖北老家探亲的辛晨在与亲友聊天时了解到，武汉不少儿童教育机构仍存在教育观念陈旧、教育水平良莠不齐，甚至个别教育机构因教育方法不当反而导致孩子出现心理问题等诸多情况。了解这些情况后的辛晨经过一段时间的可行性论证和认真考虑，毅然决定回武汉创办一所能实践自己教育理念的儿童教育机构。

2017 年 4 月，辛晨回到武汉筹备创业，她一边对武汉当地儿童教育环境和市场情况进行实地调研，一边结合当地实际情况完善和调整她之前研发的心智课程。在这期间，她也遇到过不少困难，经历过不少挫折，也曾怀疑过自己当初回乡创业

的决定是否正确。而每当这样的时刻，她就会想起自己的老师和亲友对她的期望、鼓励和支持，这些支撑着她咬牙一路坚持。在经过为期一个月不间断地试课、实践总结、修改教育方案、再试课之后，辛晨最终总结出一套既符合当地儿童教育特点又能很好地实践自己儿童教育理念的教学模式。还来不及拂去满身疲惫，辛晨便带着对美好未来的憧憬，立马开始着手推广。让她始料未及的是，花费了诸多心血总结出的教学模式在推广初期并未像预期的那样被多数儿童家长所接纳和理解。不少家长并不明白融入儿童教育课程中的音乐治疗是什么，起什么作用，更质疑对心智正常的孩子进行早期心理干预的意义。

面对这样的情况，辛晨并没有气馁。她一方面耐心细致地引导家长加深对儿童教育心理学、音乐治疗学等方面知识的了解，另一方面依靠受教儿童不断向好的表现来改变那些当初心存疑虑的家长们的看法。慢慢地，许多家长都从当初的抵触到接纳，最后变成了充分信任，良好的口碑在家长中传播开来，“易学”迎来了一批又一批主动上门求教的孩子，“易学”也逐渐成为家长心目中的“明星”教学机构。不光如此，一些之前因“问题孩子”而饱受困扰的家长，在感受到孩子在“易学”的帮助下所产生的巨大进步后都成为辛老师的“忠实粉丝”，他们中还有很多人最后决定作为合伙人与辛老师一起投身儿童教育事业。

不忘初心　筑梦理想一路前行

易学国际教育在辛晨的带领下、团队老师们的共同努力下，使得一批批“易学宝宝”不光在语言表达能力、行为能力、心智度等方面得到了大幅提升，并且这些“易学宝宝”大都以较大优势被武汉外国语小学、武汉市育才小学等当地一些著名的小学录取。取得成功后的辛晨常作为“易学儿童教育模式开创者”应邀到武汉电视台、武汉广播电台等知名媒体进行儿童素质教育经验介绍和推广；同时，“易学”也作为合作单位与武汉大学研究生创业基地、武汉军区幼儿园、武汉妇幼保健院等单位签定了师训协议，共同开展儿童教育的探索。随着“易学”的不断成长和壮大，越来越多包括辛晨的师弟、师妹在内的优秀大学毕业生和社会有志人士被吸引到“易学”教育团队中，共同参与儿童教育事业的发展。

经历了风雨才能见到彩虹，此刻的辛晨更加想念自己的母校，想念曾经引导、帮助和支持她一路走来的老师和亲友。她为自己来自江中医感到骄傲，为自己能为音乐治疗专业的推广和发展贡献一点力量而感到自豪。近日，她原来的带班老师曾问她：“作为女孩子，你原本可以更加优雅和娴静地生活，干吗非要这么折腾？”

她说:“这或许才是真正的我,现在所做的才是我真正想做的事,我从未对自己选择的道路后悔,不管是之前还是现在,或许就像有句话说的一样,我们所做出的最艰难的决定,或许最终会成为我们做过的最漂亮的事。”

成长点评

著名音乐家莫扎特说:“谁和我一样用功,谁就会和我一样成功。”校友辛晨用自己创业的成功实践回答了这句名言。在求学中立志,她如愿就读音乐治疗专业,一刻不停歇的“折腾”让她在专业学习和各类创新创业实践中充实和丰富自己,也坚定了她用所学专业知识投身儿童教育的志向。在职场中求索,她勤于实践,敢于创新,善于总结,以新颖的教育方式、扎实的专业知识自主研发了一套培养孩子学习能力的心智课程,得到了孩子和家长的充分认可,也让她拥有了自主创业的资本。于创业中成长,市场调研、团队组建、教育实践、品牌打造,她的奋斗、坚持与探索让“易学”成为将音乐治疗融入儿童教育的成功典范。未来路上,她的探索不会止步!

第4篇

“双惟”学子校友篇

根本为固，枝叶方繁

郝宇，男，1989 年 6 月出生，河北清河人，中共党员，医学博士，现为北京中医药大学内经教研室副教授。2012 年毕业于江西中医药大学中医学专业，同年考入北京中医药大学，攻读硕士学位，2015 年在北京中医药大学继续攻读博士学位，2018 年博士毕业后留校任教至今。主要研究领域为《黄帝内经》五运六气学说的科学内涵。主持国家自然科学基金青年基金项目 1 项，参与省部级以上科研课题 6 项，发表学术论文 60 余篇，其中 SCI 收录论文 10 余篇，参编教材及学术著作 4 部。兼任中华中医药学会内经学分会青年副主任委员兼副秘书长，世界中医药学会联合会经方专业委员会理事，世界中医药学会联合内经专业委员会、五运六气委员会会员，中华中医药学会感染病分会青年委员。

郝宇在高中步入大学时产生的些许的迷茫和彷徨在江中医的大学生活中慢慢褪散。郝宇觉得自己无比的幸运。在他入学前一年，学校开办了“双惟”实践班，自己有幸成为 07 级“双惟”学子。正是在“双惟”的锻炼和学习，为他今后的成长奠定了坚实的基础。回想本科五年，郝宇感悟良多。

勤奋阅读万卷作舵　四海才学皆入眼底

培养读书的习惯。读书是做任何事的基础。欧阳修说：“立身以立学为先，立学以读书为本。”“双惟”读书小组的活动，令郝宇记忆犹新，小组成员一起读书，一起分享，一起进步。“双惟”也定期举行读书心得交流大会，本科阶段学习课程多，有一定的学业压力，但是相对于读研时期和工作之后，这个时期可供读书的时间却是最多的，因此，在本科阶段培养多读书、读好书的习惯是十分必要的。郝宇坚持做读书笔记，一边读书一边思考，正所谓“学而不思则罔”，他在阅读时伴随着积极的思维活动，这样会取得良好的阅读效果。通过游戏、网络媒体带来的片刻欢愉，是稍纵即逝的，而读书带来的乐趣并非片刻欢愉，那是一种精神上的畅快淋漓的享受，随着时光发酵，在心中慢慢回甘，荡起一阵阵香甜。郝宇认为读书拓展了他灵魂的广度，使他能在跌宕起伏的生活里拥有处变不惊的温柔安定的内心。“读万卷书，行万里路”，郝宇经常去图书馆读书，图书馆陪伴着他阅读、学习，见证着他成长。舒适安静的阅读氛围让人能不由得放慢脚步，摒除杂念，静下心读书，了解各个领域的知识，这些对郝宇而言是一种享受。

坚定自我远大目标　踔厉奋进人生航道

明确奋斗目标，做好职业规划。清晰的目标是成功的重要基础。没有目标的人生，犹如没有罗盘的航行，我们要为自己订立一个目标，因为一个目标就是一个希望，但是，如果目标太多，那就相当于没有目标，人生没有一个大的方向，那么想要前进就会毫无头绪、无从下手。成功不仅仅源于努力，更重要的是有一个确切而又适合的目标。我们需要树立目标，目标能够指引我们向着更美好的未来前行，目标明确了，学习才更有目的性。

明确目标以后，郝宇一直有制订并且不断调整人生计划的习惯。具体而言，涉及他的日计划、月计划以及年计划。他习惯将长远计划和短期安排相互结合。

郝宇本科毕业没有直接参加工作，而是继续攻读研究生学位，之后从事临床工作。是在高校从事教学科研工作，还是去企业，不同的选择意味着不同的努力方向，根据自己的情况，选择最适合自己的，坚定信念，为之不懈奋斗。

专心致志打牢根基　促进自身全面发展

全面发展是以学业为基础的。扎实的基础是成功的前提，没有基础，做任何事都是艰难的。“合抱之木，生于毫末；九层之台，起于累土；千里之行，始于足下。”世间万事万物的形成与发展往往有其存在的基础，没有扎实的基础，想要成就任何事都是艰难无比的。正如三毛所说：“基础是重要的东西，没有根基的人，将来走任何一条路都比那些基础深厚的人来得辛苦。”每个人都有美好的愿望，希望自己德智体美劳全面发展，也都在为之努力。学校有很多社团组织，有很多的实践活动，应该如何选择，如何取舍？郝宇觉得最重要的原则是不影响学业，作为学生第一要务是学习，在能够保证专业学习的基础上，再去全方位锻炼自己的能力，不能舍本逐末。

追求卓越成就一生　团队精神以至千里

追求卓越是实现个人目标的基础。能够步入大学，大家的能力水平没有质的差别，差别在于是否追求卓越。追求卓越才能不断提高自己的综合水平。在“双惟”班，有很多优秀的同学，一直激励着郝宇。国家奖学金、全国高等中医药院校优秀青年学生、首届学习标兵、十佳青年等这些荣誉是对他付出的回报，更为他的继续前进注入力量。

一个人可以走得很快，但一群人才可以走得更远。每个"双惟"学子对这句话都非常熟悉。单丝不成线，独木不成林，同学们要重视团队的力量，团队精神是合作共赢的基础。我们有教学团队、科研团队，学院工作有专项工作组，大家各有所长，通过彼此团结协作，才能达到事半功倍的效果。

热爱可抵岁月漫长　世间恩情恰似温柔

热爱自己的工作，干一行，爱一行。热爱是坚持下去的基础。高校教师除了上课之外还有很多其他的工作，比如科研工作，还有学院交办的其他公益性的工作，学位秘书、招生秘书的工作，等等。稻盛和夫说："据说成功有许多办法，但在我看来，抛弃'竭尽全力、拼命工作'这一条，就不可能有什么成功。"每天的工作都很忙碌，保持激情，充满热爱，是每个人不懈努力的动力。郝宇每天保持对工作的新鲜感，给自己不断树立新的目标，学会创新，努力实现自己的目标，成就自己；审视自己的工作，处理好99%与1%的关系。很多工作，需要付出辛勤的汗水，但是只要有很小一部分工作不够认真，没有做好，就会让个人的努力付诸东流。所以，做任何一项工作，要么不做，要么就认真圆满完成。

常怀感恩之心。感恩是爱和善的基础。个人取得的每一点成就，离不开自己的努力，也离不开很多人的付出，我们应常怀感恩之心。工作之后郝宇仍十分关注母校的发展，为自己是一位江中医人、"双惟"学子而骄傲自豪。感谢母校的培养，感谢老师们的教诲，感谢"双惟"班带给他的一切。

成长点评

"双惟"实践班是一个大熔炉，锻造了一批优秀的"双惟"学子，在各行业各领域逐步崭露头角。"双惟"学子、校友郝宇就是其中一位。阅读的能力、远大的目标、扎实的学业、优秀的习惯、良好的团队意识、对专业的热爱，等等，这些良好的职业素养离不开"双惟"的培养，也让他坚定了专业的自信和就业的主体意识。毕业时，郝宇选择了继续深造，在北京中医药大学先后攻读了硕士和博士学位，并留校任教，在教学、科研的道路上创造了可喜的成绩。

心系家国，砥砺前行

李鹏飞，男，1990 年 10 月出生，江西赣州人，2008 级中医学专业（骨伤方向）校友，医学博士。2017 年赴英国牛津大学医学院访问学习，2018 年博士毕业于广州中医药大学第一附属医院，2018 年 7 月，成为江门市“百名博（硕）士引育工程”首批引进对象。现任团江门市委兼职副书记、江门市中心医院蓬江分院（江门市第二人民医院）党委书记。学术任职有国际 Gridlestone 骨科学会终身委员、广东省医院协会医院党建与文化建设专业委员会常委、粤港澳大湾区青年中医药传承创新研讨会专家委员会委员、广东省中医药学会骨质疏松分会委员等。李鹏飞主要从事中西医结合防治骨科疾病，尤其是在骨质疏松性髋部骨折和牛津单髁关节置换方面，以第一作者或通信作者在国内外期刊发表论文 10 余篇，参与授权发明专利 1 项、实用新型专利 2 项。现主持国家自然科学基金青年项目 1 项，参与国家自然科学基金面上项目 2 项，已完成江门市科技局课题项目 1 项，参与华南地区首例全生物型牛津单髁膝关节置换术。

古语说：“上医医国，中医医人，下医医病，此谓之医道。”李鹏飞认为做医生救治的是一个一个的个体，而做行政管理，有利于医疗资源分配平衡及医药卫生体制改革。他以服务群众为舟，以己身责任为桨，将个人与国家炙热相融，助力社会医学兴旺的绿藤蓬勃向上发展。

始于选择　成于坚持

李鹏飞在 2008 年选择江西中医药大学中医学专业（骨伤方向），进入江中医选择了加入江西中医药大学“双惟”实践班，是选择了不安逸，选择了不平庸。“双惟”实践班是一个公平的平台，在“双惟”，每一位学子都会得到展现自我的机会，每一位学子都会得到锻炼。“双惟”陪伴着李鹏飞，见证他的成长，鼓励他成长。他深深地体会到“双惟”实践班倡导的多学科学习是多么的明智：通过不同交叉学科的视角看世界，可以全方位更立体地认识世界，也可以激发很多灵感和创新点。他现在所做的科研课题都是得益于交叉学科的启迪，结果令人鼓舞。

“天将降大任于是人也，必先苦其心志，劳其筋骨，饿其体肤，空乏其身，行拂乱其所为，所以动心忍性，曾益其所不能。”想要成就自我，必须要经历严苛的考验，反复的锻造，才能破茧成蝶。李鹏飞始终相信坚持的力量，在“双惟”的青春岁月中，四时更易，岁月变迁，不变的是他对知识的渴求。楼道窗外，绚烂阳光，点燃李鹏飞鸿鹄之志；教室门外，璀璨星光，照亮李鹏飞求索之心。从清晨的第一缕阳光到夜幕笼罩大地，教学楼自习区总是可以见到他的身影。他坚持高标准完成学习任务，空闲时间在书海徜徉，数不胜数的学习笔记记录每一次的学习，早起坚持伴着初升的太阳晨跑，每周的周末活动从未见过他缺席，他的坚持不懈是为了更好地出发。

思之践之　敢闯会创

深邃的思考是实践的基础，李鹏飞大学期间常常强调思考的价值。他认真学习专业课，夯实医学教材的基础知识，但他始终认为这些学习远远不够。他表示实践是为了更好地思考，读书要在实践中学。读书要学以致用，在实践中总结，不能死读书，读死书。“纸上得来终觉浅，绝知此事要躬行。”李鹏飞在老师的指导下，运用自己的医学专业知识，充分结合实际，开展各种技能培训活动，学习基本的急救知识，主动参加各种义诊活动。

除了医学，他在其他学科也多有涉猎，形成了交叉学科的视角。一个人的成长不只体现于学习成绩，他对自己的口头表达能力、沟通协调能力、组织管理能力等综合素质并不完全满意，他把自我完善当作最终目标，投入到不断改进自己的过程中去。英语单词的本子已经磨烂，江中医明镜湖的小道上回荡着他练习语言表达的声音。他能积极完成组织活动的任务，并最后进行总结，补其短，扬其长。他怀抱着远大理想，以追寻与探索的热情指引实践的成功，一步一个脚印磨砺自己的初心，在实践中得真知、悟真谛、增本领。

2013 年他考入广州中医药大学，2017 年他前往牛津医学院访问。他对知识本来的渴望化作他前进的动力，在前进的道路上，同样也需要突破创新，他曾用《周易》中“穷则变，变则通，通则久”来鼓励自己。李鹏飞保持勇于探索的态度，在课堂上善于提出新的问题，发现新的可能。他主持多项课题，拥有多项发明专利，以第一作者的身份在国内外学术期刊上发表了多篇论文，这些是他勇于创新的最有力的证明，也是他能脱颖而出的资本。

奉以微力　献以韶光

李鹏飞于2018年7月从广州中医药大学第一附属医院博士研究生毕业，他作为江门市“百名博（硕）士引育工程”首批引进对象来到江门。三年多时间，从医学博士到江门市疾病预防控制中心职员，到江门市中心医院主治医师（兼管理七级岗位），再到江门市第二人民医院党委书记，在临床和行政这两个跨度极大的领域，李鹏飞在不断探索、不断前进。

李鹏飞接受记者采访时说道：“其实，我一直在想，做一个临床医生，救治的是一个一个的个体，受益面是有限的。搞研究、搞行政，着眼于解析某一种疾病机理以及机制体制改革，可能会影响到更多的人，卫生事业管理也是一门科学，体现管理出效益的价值。”他怀抱着“让更多群众享受优质健康服务”的信念尝试行政管理工作，并朝着这个目标不断努力。他坚信人只有献身于社会，才能找出那短暂而有奉献的生命的意义。新时代的需求呼唤他，他聆听时代的号角，追求有价值的人生，他将个人的成长与国家的发展紧密相连，同频共振，他真正做到了将个人“小我”融入祖国的“大我”、人民的“大我”之中。

花叶不败　感恩永驻

李鹏飞在江门工作三年多的时间，他用“包容”和“感恩”两个词概括了自己的心情。

工作期间李鹏飞得到了来自各方面无微不至的关心和支持，他相信以感恩之心面对周遭，才会更加珍惜现在所拥有的，才会更加努力去做好工作，而不是怨天尤人或者忘乎所以。

他最感恩的是家人，家人是李鹏飞最坚强的后盾，也是他避风的港湾。家人不断引导他看到人世间的美好与幸福，给予他包容与鼓励，勇气与底气，让李鹏飞坚定地在鲜花盛开的地方一路前行。他感恩朋友，李鹏飞表示非常庆幸遇见了一群朋友，在他无助时帮助他，在他委屈时安慰他，在他孤单时陪着他。他对成长路上的老师也满怀感恩之心，帮助过李鹏飞的老师很多，说不完也道不尽悠悠时光里的浓浓师生情。一朝沐杏雨，一生念师恩。同时也感恩自己，李鹏飞说：“或许不够聪明但是足够努力，始终去热爱、去拼搏、去坚持，梦想不会磨灭，征途不会停止，谢谢勇敢的自己，未来会成为理想中的模样。”

李鹏飞鼓励各位江中医学子应当将美德内化于心，外化于行，回报他人，回报祖国。马克思说："如果我们选择了最能为人类福利而劳动的职业，那么，重担就不能把我们压倒，因为这是为大家而献身。那时我们所感到的就不是可怜的、有限的、自私的乐趣，我们的幸福将属于千百万人。"李鹏飞也希望成为其中的一员，能默默地、不断地为人类幸福作贡献。

成长点评

都说"当兵后悔一阵子，不当兵后悔一辈子"。对江中医学子而言，没进过"双惟"班，有时也会是一种遗憾。"双惟"学子、校友李鹏飞把"双惟"班作为自己成长成才的平台，坚持自己的选择，不断提高自己的综合素质。"双惟"班倡导的多学科学习、意志品质的磨练、学习能力和创新能力等基础素质的培养，让他有了从容前行的底气和自信。带着这份底气和自信，李鹏飞在广州中医药大学深造，在江门市第二人民医院从事医疗、科研、行政管理等工作，并取得了优异的成绩。聆听时代的号角，追求有价值的人生！相信他的路会走得更远、更阔！

败且志坚，在失利后绽放

郭强，1990 年 11 月出生，江西赣州人，现为首都医科大学副教授、硕士生导师。2012 年本科毕业于江西中医药大学，2015 年硕士毕业于北京中医药大学，2018 年于北京大学药学院获得博士学位，并在北京大学药学院继续博士后研究。2021 年入职首都医科大学，担任副教授、硕士生导师，目前主要致力于中药药效物质及其作用靶点和分子机制研究，对钩藤等中药进行了药效物质基础研究，揭示了苏木的核心药效成分巴西苏木素抗缺血性脑卒中的新靶点和新机制。发表论文 40 余篇，以第一作者和共同第一作者发表 SCI 论文 9 篇。主持国家自然科学基金青年科学基金项目、北京市教育委员会科技计划一般项目、科技部国家重点研发计划“中医药现代化研究”重点专项（子课题任务）和中国博士后科学基金面上项目各 1 项。曾获第二届“全国医药院校药学（中药学）专业大学生实验技能竞赛”二等奖，北京中医药大学研究生新奥创新奖学金，北京中医药大学优秀学位论文奖，北京大学药学院岛津杯优秀论文奖等荣誉称号。

命定的局限尽可永在，不屈的挑战却不可须臾或缺。从高考失利进入二本院校到北大博士后，郭强直面学习挑战，在自己的领域和未知的领域长久坚持，在奋斗中提高综合能力，在拼搏中实现人生价值。彩云易散玻璃脆，初心不改始向前，学海无涯，郭强表示自己将活到老学到老，奋斗之路，皆是他的足迹。

跨越失利　坚定“双惟”

2008 年高考发挥失常后，郭强一度非常抑郁，要不要复读这个问题在他心里萦绕了很久。面对这次巨大的失利，他很清楚不能因此颓废堕落，悟已往之不谏，知来者之可追，不经一番寒彻骨，怎得梅花扑鼻香。

来到江西中医药大学后，看到“双惟”招新，郭强毫不犹豫地报名了，因为他想继续通过努力追逐自己的梦想。高考不是终点，俞敏洪说：“人生不是一场百米赛跑，而是一场马拉松，不在于你跑多快，而在于你坚持多久！”郭强始终记得一位招新负责人鼓励他：“去光荣地受伤，去勇敢地治愈自己。”这让他十分自觉地加入了这个组织。

在进入“双惟”实践班以后，郭强热爱“双惟”这个大家庭，“双惟”实践班班主任刘红宁教授给他们详细地介绍了“双惟”实践班的发展历程，让郭强清楚地了解了“双惟”实践班的溯源和发展，以及它到目前为止取得的骄人成绩。听完，郭强感受到一股力量在推动着他向前。

团结为梯　齐心成林

最初郭强是因为“双惟”班的晨练和晨读制度加入的，加入“双惟”之后，他发现“双惟”班非常注重团队建设，队友之间非常团结，“双惟”活动非常温馨。在这里，他感受到很强的存在感和集体荣誉感，郭强当时就有种找到组织的感觉。同时“双惟”班的每个队友都充满朝气，非常上进，他在“双惟”的每一天都被队友们的活力感染着。

中国有句古话：“千人同心，则得千人之力；万人异心，则无一人之用。”意思是说，如果一千个人同心同德，就能够发挥超过一千人的力量，如果一万个人离心离德，恐怕连一个人的力量也比不上，这就是团队的力量。队助是引领者，每一个人如同种子一般，在队助的滋养下发芽成长；队友是同舟共济者，“在你的世界里，我愿意扮演配角，让你闪光。在我的世界里，我也希望你愿意扮演配角，伴我成长”；每个人都是小太阳，互相给予光亮、温暖……他们给郭强留下了很多美好的回忆。大学加入“双惟”，是他最有意义的选择。

热爱为径　坚韧作舟

“双惟”班的学习氛围非常浓厚，每天要进行晨播报、晨读，周末要开展读书交流活动。所以，郭强当时就认为，“双惟”聚集了一群优秀上进的人，他心想，一定要在这个大家庭坚持下去。

郭强是中药班学生，大三的时候有一个学期的科研实践，有一天做完实验很晚才回到宿舍，当时特别累，天气也特别冷，他把刚加热好的热水袋扔到被窝，躺下就睡着了。第二天醒来时他发现小腿被热水袋烫伤了，有个非常大的水泡，疼痛难忍，走路也很不方便，此时已经临近“双惟”晨跑时间了，但是他并不想因为一次缺席晨跑而退出“双惟”，离开这群优秀的队友。于是郭强咬咬牙忍着疼痛准时参加了晨练活动。在"双惟"的四年当中，有很多队友因为个人一时的懒惰而退出了"双惟"；也有很多人带着抱怨离开了"双惟"，他们抱怨"双惟"的纪律太死板，觉得"双惟"无非是每天晨跑和晨读。现在回头再看"双惟"，郭强发现"双惟"对他产生了非常大的影响，其中最重要的一点就是磨练了他的意志。人生如一刻不停奔涌向前的洪流，若不与岛屿暗礁相撞相搏，便难以激起朵朵壮丽的浪花。意志力是成长路上不可或缺的元素，如同一团火，燃烧怒放的生命，帮助每一个平凡却有理想的普通人跨越起点，创造属于自己的精彩。现在郭强做基础研究需要投入大量的时间，他觉得正是在"双惟"锻炼的毅力及他对中药的热爱，才能使他坚持这条科研道路。

迎难而上　终得梅香

2012 年本科毕业后郭强考取了北京中医药大学的硕士研究生。硕士毕业之后，他发现自己的知识面不够宽广，于是想继续深造。2015 年郭强考入北京大学医学部攻读博士学位，研究方向是中药药效物质基础。2018 年博士毕业后，他意识到想要在这个领域有所突破，需要与多学科交叉，但是自己硕士和博士期间做的都是中药化学方向，自己虽然在化学方面有所造诣，但是知识面依然狭窄，亟须学习更多生物学方面的知识，于是郭强继续在北京大学医学部做了三年生物学方向的博士后。他常常告诉自己，可以接受失败，但不能接受放弃。不记得做了多少个实验研究，不记得翻阅了多少书籍，不记得改了多少遍论文，最终郭强在化学和生物方向都发表了一区的 SCI 文章。《士兵突击》里面说："今天比昨天好，这就是希望。"这句话激励他不断迎难而上。2021 年博士后出站后，郭强入职了首都医科大学，直接被聘为副教授。

拼搏当下　一苇以航

很多人可能会认为像郭强这样从二本院校最终考入北大读博的情况比较少见，甚至有些人觉得这是个奇迹，但是如果世界上真的有奇迹，那一定是努力的另一个名字。郭强发现博士班级里有不少同学本科就读的也是二本院校，所以，起点低不是阻挡我们前进的因素，起点的高低不能决定终点，通过坚持不懈的努力，就一定能赢在终点。当上天赐给你荒野的时候，就代表着他要你成为高飞的鹰。所以乾坤未定，你我皆是黑马，江中医学子们要勇敢地凿出自己的成功之路。

如今，郭强非常怀念在“双惟”的那段一群有志青年为了梦想拼搏的青春时光。一路走来也遇到很多困难，但毫不夸张地说，他只要想起来自己在“双惟”坚持了四年，都会无惧任何考验。最后，郭强想说，不管身处何方，他都要感谢母校江西中医药大学对他的栽培，感谢“双惟”对他的培养，虽然离开“双惟”大家庭已经十年，但“双惟”精神永远在他心中，他也会将“双惟”理念继续践行下去，不断超越自己，赢在人生终点！

成长点评

超越自己、赢在终点！江西中医药大学“双惟”实践班提出“基础素质”教育理论，构建了“双惟”育人实践模式，培养了众多优秀的“双惟”学子。“双惟”学子、校友郭强大学四年、“双惟”四年，培养了良好的学习能力、坚韧的意志品质、强烈的团队意识和超越自我的精神，这些优秀的品质成为他在职业道路上选择教学科研并为之努力奋斗、勇毅前行的动力和源泉。拥有“双惟”，定将赢在终点！

认清自我，全力以赴

黎丹奇，女，1992 年 7 月出生，江西萍乡人，江西中医药大学 2014 届药学专业校友，2017 年硕士毕业于北京中医药大学中药药剂学专业，2016 年 12 月开始在礼来制药做销售实习生，是几位实习生中唯一提前转正的职员，2016 年 12 月至 2018 年 6 月在礼来工作，期间获得了销售新人奖。随后前往有“海上马车夫”之称的荷兰，2018 年 10 月至 2021 年 10 月，在荷兰特温特中文学校担任中文老师，同时也担任几个外籍大学生的中文私教老师。在此期间，游览了欧洲多个国家，在旅行中开阔眼界，感受不同文化的魅力。2021 年 12 月回国，并于 2022 年 2 月入职北京泛生子基因科技有限公司工作至今，担任大客户经理，负责安徽区域。

“硕士毕业竟然要去做医药销售!”

2016 年 12 月，当来年即将取得北京中医药大学中药药剂学硕士学位的黎丹奇作出这个决定时，身边的人多少有些诧异。因为她所在的实验室没有先例，且大部分人觉得销售是个技术含量不高的职业。

在老师和同学的眼里，黎丹奇是一个学习主动、很有自己想法的人，她参与了导师的多项重大课题，也取得了一些研究成果。按照常规的思路，她应该是在科研的道路上继续精进的。

但黎丹奇有自己的考量，此时的她已经有一位青梅竹马、正在北大攻读博士学位的男友，且到了谈婚论嫁的阶段，她意识到医药销售工作可能是自己兼顾家庭和事业的最好选择。

在主动和导师进行深入沟通，详细阐述自己今后的目标和规划后，黎丹奇取得了导师的理解和支持。

销售的工作也没有大家想象的那么轻松，和她一起进入礼来公司实习的还有一位协和的硕士和另一位名校本科生，竞争很激烈。黎丹奇要兼顾导师布置的科研任务，同时要取得公司领导和客户的信任，再加上刚刚参加工作的种种不适、邀请客户时遭到的拒绝，一时让她左支右绌、困难重重。同学善意地劝她放弃，但她觉得自己选择的事，排除万难也要去做好。

于是，一方面她认真完成导师布置的科研工作，并积极寻求同学和师兄弟的帮助；另一方面，她克服自己的恐惧，用心为客户服务。发现负责的产品资源少、市场份额急剧下降，加上医保政策和公司战略调整，使得一起负责的区域的同事们已经开始懈怠时，黎丹奇抱着“既然做了，不管条件怎么样，要做到最好”的心态依旧全力以赴。

她坚持定期跑负责的市场，想着能为客户解决问题，同时不断思索如何在自己能改变的地方做出亮点。她把客户进行分类，选择与自己综合匹配度高的客户重点攻关，提供细致的服务和专业的学术帮助，逐渐获得客户的认可，第一个季度就为产品的应用打开了局面，并拿到了团队当时唯一的提前转正名额，之后也拿到了公司的最高奖金，获得了销售新人奖。

谈及在礼来制药一年多的工作经历，黎丹奇最深的感悟还是本科时在“双惟”班学到的：不要随波逐流，要坚持做自己认为对的事情。不是有希望才去努力，而是努力了才会有希望。

2018 年 6 月，由于黎丹奇爱人工作变动，她也一起来到了荷兰。在这个以郁金香和风车而闻名的国度，她开始了与之前截然不同的经历——担任中文老师。

刚到荷兰不久，在与朋友的交流中，黎丹奇发现特温特中文学校的工作适合自己，便多方了解并及时投递了简历。

黎丹奇的积极主动和阳光自信确实打动了校董，但由于学校的正式岗位已经满员，而且与她竞争的人大多拥有博士学历，所以她只得到了一个临时代课老师的岗位，能否转为正式职工也完全是未知数。

即便如此，黎丹奇还是对这份工作投入了百分百的热情。她精心做好每次课前准备，精神饱满地为同学们授课，并及时向校董汇报授课思路和进度。主动邀请校董来听课指导，在授课之余也主动承担一些力所能及的校务工作，渐渐地，黎丹奇赢得了校董和同事的赞许与信任。

不仅是对领导和同事，对待学生黎丹奇更是用心。她相信，心与心之间是能相互照见的。

来中文学校上课的，大多是早年移民荷兰的闽浙籍商人的子女，他们的父母希望他们不要忘记中华文化的根。但由于仅仅是周末上课，孩子们对班级和课程没有那么强的归属感。黎丹奇细心记下每个学生的生日，像在“双惟”时的“生日宝贝”那样组织同学们为快过生日的同学做小礼物一起庆祝；在传统中国节日，她会做好有中国特色的小零食带到课堂上与同学们分享；她耐心回答同学们课后的疑问，关心学习状态不佳的学生；她带领同学们朗诵古诗词，用中国优秀传统文化感染学生……她的努力，让学生看到了老师对他们的付出，也增强了他们对班级的感情和对学习中文的兴趣。

代课3个月，一位同事因故要回国而离职，校董第一时间就想到了黎丹奇，这也让她成为该校近10年来最快转为正式职工的人。即使现在黎丹奇已经回国，校董、部分学生以及学生家长还与她保持着联系。

现在的黎丹奇，和在中国科学技术大学担任特任教授的丈夫一起定居合肥，已经是一双儿女母亲的她还是一如既往坚持做自己想做的事，负责北京泛生子基因科技有限公司在安徽的基因检测销售工作。

对于自己的选择，黎丹奇说:“人生每个阶段都各有重点，要清楚地知道自己想要什么，跟随内心，认清自我，专注当下，全力以赴。”

成长点评

坚持做自己认为对的事情，不是有希望才去努力，而是努力了才会有希望。“双惟”学子、校友黎丹奇用自己不懈的努力证明自己选择了做对的事情。选择做销售、选择做中文老师、选择做基因检测销售工作，每一次选择，她都付出了百分百的努力，取得的是最好的结果。

人生最可贵的是坚持

关键，男，1988 年 12 月出生，江西宜春人，中共党员，本科就读于江西中医药大学，07 级“双惟”学子，基础医学院生物工程专业毕业，目前为普洛药业股份有限公司董事会办公室主任、董事长秘书兼宣传品牌部部长。

清晨五点半的闹钟响起，操场上晕染出一抹靓丽的颜色，他是谁？是晨跑的“双惟”学子——关键。是“双惟”班打下的基础使他在普洛快乐奔跑；是“双惟”班数年如一日的晨跑锤炼出的体魄和毅力使他在各场马拉松中突破自我。

晨跑奠基——“双惟”

关键的身份是江西中医药大学 07 级基础医学院生物工程专业毕业生，也是一名“双惟”学子。

他 2007 年加入“双惟”后，每天早晨 6 时 30 分集合，喊着口号跑步半小时，没有周六日，没有小长假，不论寒暑、不避风雨，纵有万般借口，累计迟到或早退 3 次即遭淘汰……一日之计在于晨，每天当清晨的露水还眷恋在草地上时，他已经带着一颗朝气蓬勃的心，在路边尽情地奔跑，不分寒暑，即使有寒冬清晨从温暖被窝起床时的挣扎，酷暑高温难耐全身湿透的烦躁，他都不言放弃。看着那满池的荷花从盛开到凋谢再到盛开，“双惟”的生活让他对跑步有了初步的认识，也让他明白“坚持”二字并不简单。他曾说：“人生要走万里路，迈好强身第一步。晨光熹微，朝阳初上，晨跑是我们一天的开始，迈开双腿，跑出速度，你会享受流汗的快乐。感谢‘双惟’实践班组织的晨跑，让我坚持早睡早起跑步，从迷糊的状态中清醒过来，让我少了懒惰的借口，也让我懂得了咬牙坚持的意义。”

重拾跑步——普洛

“是母校，永远是母校。”关键告诉记者，是“双惟”使他在 2010 年 12 月入职普洛后快速成长、领先同侪。

“加入普洛之初，我想试试自己是否沉得下心。后来我发现，当每天为一个目标而努力时，你会变得更专注，也更在乎目标对于你的价值，当这种心态转移到工作中，你就能让自己变得值得信任并且有价值，这是‘双惟’给我最大的馈赠。”

加入普洛后不久，因为表现突出，关键从车间技术员转到公司行政部，后于2013年年底被提拔为总经理秘书。

2014年4月，总经理祝方猛先生倡议发扬“快乐学习、快乐运动、快乐工作”的企业文化精神，开展“乐跑”活动，关键成为“乐跑”坚定的支持者和不懈的推动者，这位昔日“双惟”学子的晨跑基本功被“唤醒”。

在关键的建议下，“乐跑”制定了管理考核制度，“有点类似‘双惟’的‘四自一养’模式。”关键笑着说。

按照要求，每位企业骨干成员采取步行或跑步的运动方式，男士每月需至少完成60公里，女士每月需至少完成40公里，参与者在运动中需采用“咕咚运动”等软件记录运动里程、运动时间等相关数据，遇到雨雾等恶劣天气外出困难时，参与者可以选择在跑步机上健身并拍下相关数据作为记录。在每月1日，参与者将上月的运动健身记录发送至总经理秘书室统计汇总，并设置相应奖惩制度。

“打卡”制度的健身方案一出台，便遭冷遇，毕竟在快节奏的现代都市，运动是奢侈的。刚开始，许多人带着完成任务的心态去跑步，在慢慢的坚持中，参与者均反馈良好，于是，跑步慢慢成了良好的习惯。

突破自我——马拉松

斗转星移，时代变迁。跑步，这种最常见的运动方式，被一代又一代人赋予了不同的意义。跑步热在近代西方兴起之初，是出于对枯燥和压抑的工业社会的反抗。而在中国，伴随着高速发展的经济，由于人们身体和精神健康面临的问题，跑步正在全国方兴未艾而在普洛也是如火如荼。

2014年4月，“天立威乐跑团”正式成立。2014年11月2日，关键跟随着三万人流，冲出2014杭州马拉松起跑拱门的那一刻，他一直在问自己：“我在跑马拉松？”

是的，那一刻，他的大脑，他的心脏，他的呼吸，还有一刻未停的双脚都在告诉他，这是他的马拉松首跑。

在这条被誉为“世界上最美丽的马拉松赛道之一”的路上，景色秀丽的西湖、气势磅礴的钱塘江、现代时尚的钱江新城被他一一纳入眼底，但奔跑中的他脑海中却一再浮现起湾里大道818号那满池轻摇曼舞的荷花。

在杭马赛道上，跑到第17公里时，他感觉到身体在慢慢透支，继续跑，跑到复兴大桥上桥的长坡时，终点就在前面两公里！

那一段难熬的路程，关键心里有两个声音在争吵，一个狂吼着停下吧，你看有人也停下了，一个则是呐喊着加油加油，坚持坚持，突然，关键长长地吸了一口气，目光坚定望着前方，来了一个百米冲刺，终点处，只有人潮的欢呼和迸发的激情……

十年过去了，乐跑团队员人数从最初的60人壮大到如今的1800余人。他们先后多次参加了横店马拉松、杭州马拉松、厦门马拉松、北京马拉松、广州马拉松、南昌马拉松、青岛马拉松、兰州马拉松……

十年过去了，乐跑队员们习惯了无论走到哪里都要带着跑鞋，1800余人跑遍了世界的各个角落，跑遍了祖国的山山水水。他们跑过巴黎的香榭丽舍，跑过日本的百里樱花雨，跑过厦门二十公里蜿蜒的环岛路，也跑过北京的西单站；他们跑过蜿蜒的盘山路，跑过淅沥的九曲溪，跑过农家的田间地头，也跑过江南水乡里的亭台楼阁。

十年过去了，那一张张跑步图片和一串串打卡数据背后，是普洛的快乐奔跑。“跑步或步行能很好地释放工作压力，使大家保持饱满的精神状态。”

关键也感叹，他的“跑友们”不断突破自我，挑战自身极限，体验跑步运动带来的正能量：“大家都跑出了精气神，跑出了士气，也跑向了健康。”

在工作之余，关键也成了运动达人，不仅积极参加跑步、羽毛球、自行车等各项运动，还负责组织公司的乐跑团。他直言，这不仅开发了他的运动细胞，还锻炼了他的组织能力，更是帮他结交了各行各业志同道合的朋友。

正如俞敏洪教授所说：“人生不是百米赛跑，而是一场马拉松，不在于你跑多快，而在于你坚持多久。”只有持之以恒，长期地坚持，才能够超越自我，超越他人，永远赢在终点。未来，关键希望和“跑友们”一同跑出国门，跑向世界，完成马拉松六大满贯。

成长点评

大学生活，专业学习很重要，参加“双惟”实践班并坚持到毕业同样重要。“双惟”学子、校友关键把在“双惟”实践班四年养成的晨跑习惯、团队合作意识，带到了工作岗位，影响了公司的一批员工，取得了不同凡响的成绩，也找到了属于自己的位置。“一个人走得快，一群人可以走得更远。”如今，关键所在的普洛药业股份有限公司也在这健康、快乐的文化氛围中，不断开拓创新、快速发展，已成为国内营收超百亿、市值数百亿的医药行业领军企业，为人类的健康事业贡献了力量！

永远年轻，永远在路上

陈万山，男，1985 年 4 月出生，甘肃靖远人，中共党员，江西中医药大学 2011 届药学专业本科毕业生，2007 级“双惟”学子，新北区三井麦序装饰设计工作室法人代表，平雅口腔齿科医疗器械有限公司股东，现就职于成都康弘药业集团股份有限公司，2011 年 7 月至今，在江苏常州负责公司精神专科产品线销售管理和学术推广工作。

初识陈万山，是在 2017 年“双惟”青年发展论坛的舞台上。台上的他，镇定自若、侃侃而谈，收获了台下无数学弟学妹的崇拜和仰慕。

再次了解到陈万山，他已经在江苏常州定居，是成都康弘药业在当地的销售负责人，妻子陈纬洋是常州市妇幼保健院的医生，也是与他一起走过来的“双惟”队友。

谈及自己的成长历程，沉浸在幸福中的陈万山依然很深情地说：“感谢‘双惟’带给我改变。”

坚持总会带来改变

刚进入大学的陈万山虽然有些内向和腼腆，但对大学生活还是满怀着期待和憧憬，他一口气报名了很多感兴趣的社团。可由于他的右脚有些许行动不便以及其他种种原因，一通面试下来，无一例外，他都被拒绝了，这多少让他有些灰心丧气。

但是“双惟”实践班接纳了他，他也认可“双惟”的理念。于是，他和队友坚持每天晨读、晨练、晨播报，坚持读书，坚持每周的周末活动。四年下来，陈万山真真切切地感受到了自己的成长和进步。在找工作阶段，他认为自己准备好了。

可现实又一次给他泼了一盆冷水。

用人单位大都很欣赏他的专业学识，但一听说他坚持要做销售工作，就纷纷摇头。有些好心的 HR 劝他可以考虑科研或者管理岗，也有别的公司说：“要做销售也可以，但是你要提供残疾证！”

面对这些或好或坏的建议和质疑，陈万山统统选择了拒绝。他坚持要挑战自己的缺点，坚持要做销售工作。连续二十多次的闭门羹没有让他放弃，他调整心态，以更好的姿态迎接新的面试。终于，在同学的引荐下，他顺利入职成都康弘药业江苏地区，从事销售工作。

2014 年获得公司的“全国销售明星”，2016 年、2017 年两次参加全公司的演讲比赛都取得了不俗的成绩……陈万山的坚持让他找到了心仪的工作，也是他的坚持，给他的工作带来了全新的改变。

真诚永远是必杀技

“万山很真诚，准时、靠谱，有他在我就很放心……”这是客户在和陈万山的同事交谈时很自然地说出的一句话，或许这就是陈万山在工作上不断取得进展的关键所在。

说来其实也没什么特别的，就是别人等不了的他可以等，别人做不到的他会尝试去做。在对接专家时，他总是会想到“双惟”实践班班主任刘红宁教授说过的“要把困难和危险留给自己，要把方便和安全留给他人”，始终细致入微地为对方着想，还坚持定期去拜访客户。

慢慢地，他取得了客户的信任，他负责的市场也逐渐扩大，从一家医院到两家、三家……直到负责精专事业部江苏常州地区的销售管理工作。

类似的故事在陈万山的爱情里也同样上演。

在和妻子陈纬洋正式确立恋爱关系之前，他们一直分隔两地。考虑到陈纬洋在医院工作特别辛苦，在两年多的时间里陈万山坚持每个月辗转近 10 个小时从江苏常州飞去广东佛山与陈纬洋见面。

也正是这份真诚打动了陈纬洋，让她心甘情愿成为陈万山的女朋友、妻子，直到为了陈万山来常州工作。如今他们已经儿女双全，幸福快乐。

尝试就会有可能

真诚带给陈万山的不止这些，还有全新的尝试。

在去成都出差的时候，他与同样真诚热心的旅店老板相见恨晚。在一番细致的交流后，他们在成都合作开展了民宿项目“繁星”，并在第四个月就实现了盈利，之后还扩张开出了二店。

虽然由于扩张过快等经营管理原因使“繁星”项目没能熬过来，但这次尝试给陈万山带来了很大的改变。他接触到很多有趣的事，认识了很多特别值得交的朋友，感受到毫无保留的热情。

于是，陈万山参与投资了另一个民宿项目——苏州太湖畔的“青山外”精品民宿，在这次合作中他更加成熟理性，合伙人之间有合理的分工、有明确的权责划分。

在老家甘肃白银，陈万山还结合家乡环境和条件投资了振牧养殖场，目前有50头西门塔尔牛，由在家乡的弟弟负责日常管理。他也在尝试着对养殖场进行电子化、信息化管理，以便推进规模化、标准化的操作。这个项目现在进展到第三年，虽未盈利，但已经实现自给自足、自我造血。虽然知道养殖业周期长、投资门槛高，但陈万山还是想尝试着用时间成本穿越周期，实现价值投资。

信心比黄金更重要

“相信自己没有什么是做不到的。”陈万山在总结自己的经历时说道。“从最初的加入‘双惟’，到找工作，到尝试投资创业，我一直在突破自己，一直在做自己之前做不到的事情。相信自己，不断学习、不断实践，持续精进，这正是‘双惟’带给我的成长和改变。”

虽然目前国家医保政策给陈万山的销售工作带来了很大的打击，但他已经有自己明确的规划。他在尽心尽力做好当前的工作，也在尝试着做跨行业的事情，还想着再做一些实体投资。

“双惟”一直在路上，陈万山也一直在路上。

成长点评

工作和专业的不匹配是很多大学生在就业时面临的一个问题。“双惟”学子、校友陈万山结合自己所学专业，坚持做医药相关领域工作，并通过自己的努力实现了跨专业就业、跨行业创业。成功的关键在哪里？是“双惟”实践班四年如一日的训练和培养，在引导“双惟”学子在学好专业的同时，让学子在不断突破自己、挑战自我的过程中成长为一名素质扎实的有专长的复合型人才，并在通往成功的路上赢在终点。

创业路，其修远

鄢霖荣，男，1987年2月出生，四川成都人，经济与管理学院医事法律专业毕业生，2006级“双惟”学子，风劲图文广告公司创始人，经营多家高校连锁图文广告店。

初识创业

时值大一，“双惟”实践班的一次周末活动是观看《赢在中国》节目。该节目是中央电视台的一档全国性商战真人秀节目，是大型励志创业电视活动，这个节目的精彩创业故事深深启发了鄢霖荣，看着节目中激情澎湃的选手们通过自己的创意与努力，在一步一步给别人带去价值的同时也实现了自己的理想，还在读书的鄢霖荣开始思考如何为周围的同学解决需求、创造价值，创业的种子悄然萌芽。大一下学期，他终于按捺不住，和几位同学一拍即合，开始了创业。

小试牛刀

正好当时学校游泳馆刚建成使用，学校开设了游泳课，每个学生都要购买泳衣泳裤。学校泳衣的款式很少又偏贵，学校距离市区也比较远，采购不方便。于是鄢霖荣用一个月生活费从市区洪城大市场批发了一些泳衣带回学校销售，很快就销售一空，一个星期时间便赚了几千块钱。这次销售活动的成功，给了鄢霖荣很大的信心。于是他马上联合几位同学，组建创业团队，面向大学生群体销售质优价廉的时髦产品。大学五年，他先后销售过自行车、MP3、MP4、手机、电脑等产品，赚到了人生的第一桶金。

迷茫中寻找方向

人生中的第一次创业，有忐忑、紧张，也有欣喜和幻想，团队成员经常会一起交流，讨论需要改进的地方。当然，也会有争执的情况，但是经过彼此之间相互了解、相互包容，最终都能达成共识。为了进一步扩大业务，鄢霖荣在学校附近租了两间店面，开了一家小超市。经过半年的发展，他们兼并收购了周边的服装店、水果店、照相馆和复印店，打算多元化发展。但是因为创业经验不足、急于求成，时机还不是很成熟的时候就急着把业务拓展到其他地方去导致创业遇到困难。尤其是团队中好多人是未毕业的学生，都面临即将毕业的情况，人员不稳定。经过反复权衡，艰难抉择，鄢霖荣最后决定收缩战线，留下最核心的业务——广告图文，确定以图文广告为主业来发展。他们以实惠的价格和优良的服务赢得了学校老师和同学的支持，经过多年发展，注册了风劲图文广告公司，并先后在南昌大学、南昌航空大学、江西警察学院、江西豫章师范学院、江西应用科技学院等学校开设连锁经营店，年经营额突破百万，越来越多的人寻求合作，鄢霖荣终于尝到了"甜果子"。

经验的交流

通过这些年的创业过程，鄢霖荣总结出创业途中一直恪守的修身方法和准则，并将之归为"六 jing 八心"。

"六 jing"指的是"静、劲、敬、精、净、竞"。他将"六 jing"作为修身法贯穿于每一天。周一主修"静"。通过禅坐等方式让自己的心保持宁静。儒家、佛家、道家都认为，静能生慧，静能正道，心清静，意清静。只有我们真正静了，真正有价值的东西才会出现，进而对一些问题作出理性的判断。周二主修"劲"。通过运动，达到锻炼身体的目的。运动是为拥有一个强劲的身体，一个强劲的身体是开拓事业的基本保证，定期运动可以增强体质，精力充沛办事效率就高，能增强心理素质，带来自信心。周三主修"敬"。对生命心怀敬畏之情、慈悲之心，珍视、敬重个体生命的权利和意义，无论是对顺达强势者还是对穷厄弱小者，都给予应有的尊重，无论是对社会中的人，还是对自然界的一花一叶，懂得敬畏，敬而畏之。周四主修"精"。多读书，坚持不懈地学习，知道得越多，就越有力量。将要做的事做到精益求精。周五主修"净"。做到自身和周围环境干净整洁，时刻提醒自己要保持心灵干净，人格纯洁。周六主修"竞"。让自己保持竞争意识，时常组织参加一些竞技类项目，因为现代社会是一个竞争的社会，只有经过竞争才能获得成功，只有勇于竞争的人才能适应未来的需要。周日复盘"六 jing"，三省吾身，总结提高。

"八心"即为把握的心、珍惜的心、进取的心、学习的心、感恩的心、创新的心、分享的心、贡献的心。经常去反省自己的行为是否符合这"八心"。

成长点评

大众创业，万众创新。“双惟”学子、校友鄢霖荣是敢想敢创的大学生创业代表。创业，时机很重要。他的创业尝试始于大一下学期，白手起家，但能找准学生需求，把握创业时机，小小的成功坚定了他走创业之路的信心。成功，积累很重要。创业往往从小事做起，能收获成功的喜悦，也经得起挫折的考验，不断积累，不断总结，他用“六 jing 八心”不断重塑自己的精气神，让自己在创业路上更加坚韧，更加自信，也给众多的江中医学子很大的启发。

世上本没有无障碍的人生

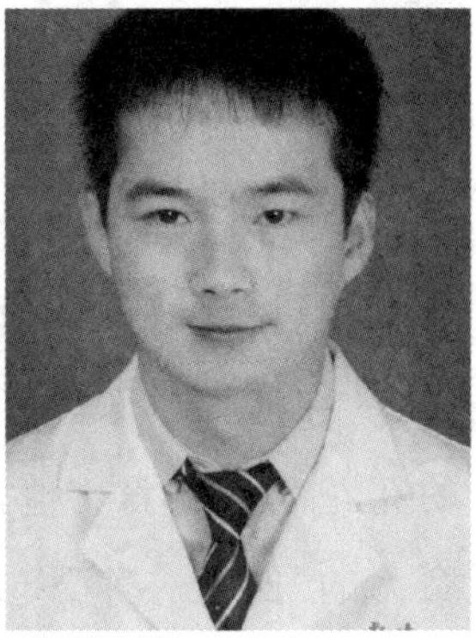

肖勇，男，1986年4月出生，江西于都人，中共党员，主治医师，执业药师。2008级“双惟”学子，2012年本科毕业于江西中医学院（现江西中医药大学）药学专业，2015年研究生毕业于江西中医药大学，中医学硕士。2016年创办于都县首家民营中医馆——济元堂中医馆，2023年成立赣州宗荷堂中医馆有限公司，任董事长。

这样的一天是忙碌的，是琐碎的，甚至连任何波动都是平淡无奇的，新华社记者用镜头记录下了赣州市于都县济元堂中医馆馆长肖勇平凡的一天。他与往常一样迎接着鱼贯而入的患者，有条不紊地接诊、问诊、把脉、施针、取药，一脚跨上电动车，风尘仆仆地驶向于都县贡江镇新地村的一处祠堂按例为当地村民义诊。

忙碌中的他脸上挂着笑意，左脸上镶着一个好看的酒窝，听他张口说话才发现口齿不清，说话费力；看他起身拿药才发现行动不便，这是出生时的不幸在他身上留下的深刻而残忍的痕迹。

1986年4月的某天，即将临盆的肖母意外患上产前子痫，在产房内高热昏迷三天三夜，生命危在旦夕。紧要关头，产科医生立即施行剖宫产手术，肖勇呱呱坠地。

更可怕的事情发生了，新生儿肖勇并没有给这个家庭带来新生命诞生的喜悦和激动，他躺在那儿不哭不闹，脉搏微弱，奄奄一息，早夭的阴影笼罩在每个在场医生和家属的心头。

最后，一位老中医一针下去才一把将肖勇从鬼门关给拽了回来。

“爷爷从老家请了一个老中医，他用针在我的脑户穴反复地刺激，我才跟死神擦身而过。”肖勇后来在“双惟”讲台上反复讲述着出生时的九死一生，因为这一针不仅挽救了他的性命，也把他送上了中医求索之路。

坚强活下来的肖勇因为机体功能损坏留下了严重的后遗症，走路四肢不协调，口齿不清，面对同龄人的误解、陌生人的嘲笑，他不屈地抗争着。

万幸的是，肖勇的母亲从来没有一刻松开拉着肖勇的手，母爱的滋润不仅一次次地治愈了肖勇心里的伤痛，也一点点地点亮了他心里无边无尽的黑暗。

肖勇一边吃着老中医开的六味地黄丸，一边牵着妈妈的手积极向上、热情而快乐地活着。他学习成绩十分优异，在班上常常名列前茅，尽管如此，这个邻居眼里优秀的“别人家的孩子”，依然没能留住不幸患癌的母亲。

就在肖勇读初中时，母亲撒手西去，不仅留下了还未成年的肖勇，还留下了巨额债务。逆境没有击垮他，反而激发了他的斗志，他逆风而行凭着优异的学习成绩，靠着学校提供的全额奖学金顺利毕业，并于2008年考入江西中医药大学药学专业就读。

“在江西中医药大学求学的时光，是我最快乐的日子。”在江中医校园，神农园的花花草草滋养着他，博大精深的中医文化像磁铁般吸引着他，“双惟”实践班充满魔力的“四自一养”模式让肖勇似乎忘记了自身的障碍，毅然加入其中。

晨跑、晨读、晨播报，风雨无阻，每天清晨六点半就自动启动自主运行的“双惟”实践班，多了肖勇羸弱却坚定的身影。

江西中医药大学原党委书记、“双惟”实践班班主任刘红宁教授在参加中国教育电视台《师说》栏目录制时，提到了两个“双惟”学子，其中一个就是肖勇。

在刘红宁教授动情的讲述中，我们依稀能描摹出肖勇的“双惟”生活：其他“双惟”学子六点起床六点二十就能顺利到达操场参加晨跑，而肖勇必须五点半起床，因为他只有提前半小时才能克服“障碍”，才能在六点二十准时到达操场。

“双惟”实践班铁一般的纪律没有为他破例，他必须为此付出更多的努力，克服更多的困难。

“‘双惟’给了我一双腾飞的翅膀。”肖勇回忆道，他最大的理想是成为一位品德高尚、济世救人的中医，为中医药事业的振兴贡献一份力量，寒来暑往，“双惟”生活深刻地影响着肖勇，一点点地助力他实现梦想。

大二时，肖勇决定自学中医，他抓住每一分钟，像一块海绵一样畅快地吸收着中医的养分。凭着惊人的毅力，肖勇仅仅用两年半的时间就自学完了中医学本科五年所有的课程，完成了一件几乎不可能完成的任务。

2012年6月，他顺利考取了本校中医学专业的研究生，师从江西省名中医刘英锋教授。二人结缘始于“中医摇篮班”，肖勇在大二时就加入了“中医摇篮班”，恰巧刘英锋教授正是“中医摇篮班”班主任。

在刘英锋教授悉心培养的三年里，肖勇的中医理论造诣和临床水平进步飞快，深得张仲景六经辨证精髓，他还先后跟随国医大师伍炳彩教授、国家级名中医何晓晖教授、江西省名中医陈宝国教授学习中医临床，并在省中医院、杏林国医研究室中医门诊部、学校中医研究所实习，在敦寿堂中医门诊部工作一年，打下了扎实的医学理论基础，积攒了丰富的临床经验。

毕业的时候，肖勇带着执业医师证书、执业药师证书等累累硕果，也带着恩师刘英锋教授“勤求古训，博采众方”的临别赠言回到家乡于都县，从事中医事业。

半年后，经过筹备，肖勇筹资 30 万元，在于都县开了首家中医馆——济元堂中医馆。

济元堂中医馆的馆训是“悬壶济世，扶本固元”，作为中医馆馆长的肖勇，坚持走中医临床、教学、科研相结合的道路，打造完整的中医诊疗服务，运用中医望、闻、问、切四诊法，处方用药有法有据，疗效好，给广大患者带来了福音。

肖勇对中医工匠精神的追求，对药材质量的严苛，让实习生韩斌印象深刻。“晨起，于都县早上六点的朝阳就像‘双惟’的缩影，影子越拉越短，肖老师的中医工匠精神是我在中医学习生涯中的又一个更高境界的体悟。追求药物质量之上乘，追求药物称量之精准，追求药物炮制之严谨，追求患者疗效之细致……在这里学到最多的不是中医知识，更多的是中医工匠精神，这是中医之根本，它将会伴随我一生的中医学习！”韩斌在实习日记里这样记录着。

“倒掉！”在实习生王馨楠和徐逸民的日记里都记录了这样一个细节，药柜里的药材只要出现一点点潮变问题，肖勇就要求直接倒掉，不计成本重新换上全新的药材，以保证药材的质量。

这六个实习生肖欣、范思婷、朱娟娟、王馨楠、徐逸民、韩斌都是 2016 级“中医摇篮班”的学生，是肖勇的师弟师妹，2018 年 7 月初，他们千里迢迢投奔肖勇，开始了为期两个月的暑期实习，这也是中医馆迎来的第五期中医临床实习生。

济元堂中医馆成立 8 年来，肖勇一直坚持“纯粹中医，专业中药”的经营理念，遴选上乘优质的中药饮片，努力把医馆打造成于都县最具影响力的中医品牌。医馆直接服务于都县百姓一万人次以上，极大地推动了当地中医事业的发展，赢得了当地百姓的一致好评。于都坊间都流传着一句话：“要看纯粹中医，要买地道药材，去济元堂！”

“我希望通过努力，不仅能够养活自己，还可以守护一方百姓健康，这样的生活是我毕生的追求！”肖勇眼中闪着坚毅的光。

成长点评

在江西中医药大学，“双惟”学子、校友肖勇的事迹感动并激励了一批批江中医学子。从于都到南昌再到于都，他的求学路、创业路不同寻常。出生就与死神擦肩而过的肖勇，因针灸与中医结缘。患病留下了诸多后遗症、爱她的母亲患癌去世、背负巨额的债务，逆境没有击垮年少的他，他逆风而行顺利考入江中医，并在“双惟”实践班找到了奋斗的目标和生命的价值。成为一位品德高尚、济世救人的中医，是他的职业理想，于是，他跨专业考取了中医学研究生，毕业时带着执业医师证、执业药师证，放弃大城市，毅然回到家乡创业，在于都县开了首家民营中医馆，圆了自己的中医梦，尽一己之力守护一方百姓健康。

不忘初心，坚守梦想

李善铭，男，1987年5月出生，江西赣州人，中共党员，2006级“双惟”学子，医药营销专业。江西安鑫宝科技发展有限公司创始人、董事长。公司位于南昌市青山湖区，公司拥有食品农产品快检设备和LIMS(Laboratory Information Management System)实验室信息管理系统的自主品牌，同时还总代理了国内外知名品牌的实验室检测及科研相关领域的仪器设备。公司拥有技术过硬的销售团队和经验丰富的售后团队，为助力科研、助推农业贡献自己的一份力量。

追忆大学　感恩“双惟”

李善铭出生在赣南一个偏僻的小山村，是村里为数不多的大学生。刚入大学，一切对他来说都是那么新鲜，新环境、新同学、新老师。然而在学校度过一个月后，李善铭发现，大学里的学习和生活远不如高中时期的紧凑，少了约束，多了自由。在这个宽松的大学环境，如果不自律不主动的话，是很难学到知识的。

2006年10月，时任江西中医学院院长刘红宁教授成立“双惟”实践班，了解到“双惟”实践班是强调自律的组织，李善铭毅然加入其中。他在“双惟”实践班坚持晨跑、晨读和没有节假日的学校生活，一直到最后。同期“双惟”实践班的队友也从最初的近400人，锐减到最后的不足50人。

李善铭认为，“双惟”实践班是有组织有纪律的队伍，只要能坚持，能全身心地投入，就一定会有所收获，人生或许也会因此而改变。在“双惟”实践班，有互通有无的同学之情，有一起携手共同进步的师生之情，有精诚协作的团队精神，有不抛弃不放弃的坚持精神。能最后坚持下来的人，现在都在自己的领域有所成就，而且绝大多数人都很出色。

投身工作　未来可期

刚毕业时李善铭也很迷茫，不知道何去何从，不知道该选择什么工作。择业的时候他听从父母的建议，从事药品检测和药品研发工作，一干就是5年，然后从做技术转型做销售。随着李善铭对销售行业的了解和熟悉，他对产品也慢慢熟悉。经过半年多的磨合，饱尝汗水和泪水，加上内心的坚持，他终于慢慢适应了销售工作。凭着自己对医药行业的了解，对客户需求的把握和准确定位，李善铭的销售业绩不断增长，他在不断的社会历练中得到成长和进步，最后走上创业路程，于2021年成立江西安鑫宝科技发展有限公司。

刚创业的时候，资金和人员紧缺，步履维艰，竞争压力巨大。李善铭谈道："在这个时候，想到我们的'双惟'实践班，想到'双惟'精神，想到班主任刘红宁教授曾经的教导，想到自己的初心，决定还是要坚持下去，好好闯一下，先考虑生存再求发展。就这样，一步步地走着，终于熬过了最难熬的时刻，企业也慢慢地成长起来了。"

李善铭认为，一个人的成长和成熟，往往不是看年龄而是看经历，生活其实并不总是阳光明媚的，也有乌云密布的时候，可能会遇到些难以想象的事情，但是不管遇到什么事情，只要坚持下来了，艰难困苦终将过去，最终成功就会属于你。一个人的人生，结果都是一样的，但是人生的过程可以更好，更有意义。所以在过程中一定要有自己的想法和不断前进的动力，这样不管遇到多大的困难，都一定会有雨过天晴见彩虹的时候。

提升认知　超越自我

随着企业的发展，李善铭慢慢发现，需要学习的东西越来越多，企业管理、未来发展规划、内部制度执行、人员配置安排、产品行业细分，等等，都是需要去思考和完善的问题。在企业发展过程中，提升认知很重要，认知决定格局，决定一个企业能走多远。在这个充满竞争的时代，要充分认识到优势在哪，发展方向在哪，做到差异化，提升竞争力。在所在的行业里要么做第一，要么做唯一，这才是发展之道，才能在竞争中立于不败之地。

作为过来人，李善铭觉得在大学期间可以重点从以下几方面努力，为以后步入社会做好铺垫：一是努力提高自身综合素质。广泛阅读，多读书、读好书、好读书，培养多种兴趣爱好，多与人沟通交流，可以讨论不同议题，发表不同观点，激发脑活力，提升看问题的广度，努力提升自己的综合素质。二是扎实学好专业知识。大学课程要认真学习，尤其是专业知识，这是基础知识，要深入去钻研和学习，提升分析问题的深度。不管工作以后是否会从事所学专业方向，你学到的都不会白费，它有助于你站在不同角度分析问题。如果日后你从事的工作就是你的专业方向，那所学必将有利于你以后的工作开展，扎实的基础会让你进步得更快。三是学会沉淀，提高执行力。不积跬步无以至千里，不积小流无以成江海。成绩的取得一定是平时不断努力和积累的结果，始终坚持学习，不断沉淀自己，拒绝懒惰，提升执行力，今日事，今日毕，有计划有目标地过好大学生活，这将有利于你习惯的养成，也为以后工作奠定基础。四是提升自身思维和认知。读万卷书不如行万里路，一定要学以致用，一个人在不同的人生阶段，思维和认知也是不一样的，大学期间需要提高思维能力和水平，可以不断训练，养成良好的思维模式，培养思考问题、分析问题和解决问题的能力。在提升思维后，需不断增强认知，开阔视野，在实践中增强自信心，一个人的认知水平非常重要，它将直接影响你未来的发展方向，希望大家在提升认知后，能够超越自我，取得更大的进步。

成长点评

真正的成功属于坚持不懈的人。“双惟”学子、校友李善铭属于先就业再创业的典型。刚毕业时从事药品检测和药品研发工作，然后转型做销售，再成立公司成功创业，一路走来，都不是轻松的。大学期间在“双惟”班的磨练，让他懂得坚持的意义。坚持让他从四百分之一变为出色的五十分之一；坚持让他顺利实现职业转型；坚持让他闯过创业初期的步履维艰，慢慢地成长，每一次改变，都是华丽蜕变，都需要勇气与智慧，都收获了属于他的成功。